Mindfulness pour le bien-être mental et cérébral

Développer clarté, paix et joie avec des pratiques de pleine conscience inspirées des neurosciences

Dr Sui H. Wong MD FRCP

Copyright 2024 - Tous droits réservés.

Le contenu de ce livre ne peut être reproduit, dupliqué ou transmis sans l'autorisation écrite de l'auteur ou de l'éditeur.

En aucun cas, l'éditeur ou l'auteur ne pourra être tenu responsable de tout dommage, réparation ou perte monétaire résultant directement ou indirectement des informations contenues dans ce livre.

Avis juridique :

Ce livre est protégé par le droit d'auteur. Il est réservé à un usage personnel. Vous ne pouvez pas modifier, distribuer, vendre, utiliser, citer ou paraphraser une partie ou le contenu de ce livre sans l'accord de l'auteur ou de l'éditeur.

Avis de non-responsabilité :

Veuillez noter que les informations contenues dans ce document sont uniquement destinées à des fins éducatives et de divertissement. Tous les efforts ont été déployés pour présenter des informations exactes, à jour, fiables et complètes. Aucune garantie de quelque nature que ce soit n'est déclarée ou implicite. Les lecteurs reconnaissent que l'auteur n'est pas engagé dans la fourniture de conseils juridiques, financiers, médicaux ou professionnels. Le contenu de ce livre provient de diverses sources. Veuillez consulter un professionnel agréé avant d'essayer les techniques décrites dans ce livre.

En lisant ce document, le lecteur accepte qu'en aucun cas l'auteur ne soit responsable des pertes, directes ou indirectes, résultant de l'utilisation des informations contenues dans ce document, y compris, mais sans s'y limiter, les erreurs, les omissions ou les inexactitudes.

EBH Press. EBHpress.com

Copyright © Dr Sui H. Wong, 2024

ISBN : 978-1-7385581-3-1 (Livre de poche)

978-1-917353-02-1 (E-book)

Livre audio : 978-1-917353-03-8 (lien à venir)

Table des matières

Introduction : La science de la pleine conscience *7*
    Ce qui nous retient 8
    Pleine conscience et neuroplasticité 10
    Pleine conscience populaire 11
    Ma passion pour la pleine conscience 11

Chapitre 1 : Explorer la neuroplasticité *15*
    Signaux cérébraux importants 16
    Adopter la pratique 17
    L'importance de s'ancrer dans la réalité 17
    Des idées pour se ressourcer en pleine conscience 19
        Principaux enseignements 21

Chapitre 2 : Ce que nous savons sur le cerveau *25*
        Les quatre lobes 26
        Le cervelet 27
        Le tronc cérébral 27
    Comment les pratiques de pleine conscience peuvent façonner le cerveau 27
        La pratique régulière de la pleine conscience 29
    Des idées pour améliorer la santé du cerveau 32
        Principaux enseignements 35

Chapitre 3 : La mémoire et la pleine conscience *37*
    Le pouvoir de l'esprit et de la mémoire 37
        Mémoire de travail et mémoire épisodique 38
        Notation mentale 39
    Entraînement cérébral pour la mémoire 40
    Idées pour la mémoire 41
        Principaux enseignements 44

Chapitre 4 : Améliorer le fonctionnement cognitif grâce à des techniques de pleine conscience *47*

Stimuler le cerveau 48
Yoga holistique 49
Méditation en pleine conscience 50
Techniques de méditation supplémentaires 51

Intelligence émotionnelle 53

Idées de pleine conscience pour la vigilance et l'intelligence émotionnelle 53
Principaux enseignements 56

Chapitre 5 : Comprendre le stress - Une approche consciente 59

L'impact du stress 60

Expériences de vie 61

Idées de gestion du stress par la pleine conscience 62
Principaux enseignements 64

Chapitre 6 : Comment lâcher prise avec des méditations quotidiennes 67

Détachement sain 68
Limites du travail 69
Limites de la famille 70
Limites de la maison 71
Limites des relations 72

Se décoincer 73

Idées de pleine conscience pour un détachement sain 74
Principaux enseignements 76

Chapitre 7 : Vivre en paix 79

Vivre en paix, pas à la perfection 80
Élimination des éléments physiques 80
Éliminer les décisions 81
Votre groupe de base 81

Comprendre qui vous devez être 82
Une question simple 83

Idées de pleine conscience pour la paix et la résilience 84
Principaux enseignements 86

Chapitre 8 : Respiration consciente pour la journée de travail 89

Qu'est-ce que le travail ? 90

Évaluer le stress au travail 91
Stress physique au travail 91
Stress émotionnel au travail 92

Stress organisationnel au travail 92

Aperçu des emplois 93

Exercices de respiration consciente 94
Respiration d'ancrage 95
Respiration en boîte 96
La respiration 4-3-7 et les soupirs cycliques 96

Idées de productivité en pleine conscience 97
Principaux enseignements 99

Chapitre 9 : La digestion et vous - Une approche attentive de la gestion du poids *103*

Manger en pleine conscience 104

Gestion du poids 106

Des idées pour manger sainement en pleine conscience 108
Principaux enseignements 110

Chapitre 10 : Dormir en paix et dans un but précis *113*

Pourquoi dormir ? 114

La pratique de l'apaisement 115
Intégrer des activités physiques et mentales 116
Trouver le confort 117
Rangez les appareils électroniques 117
Limitez votre consommation de nourriture et d'alcool 117

Des idées pour mieux dormir 118
Principaux enseignements 120

Chapitre 11 : Gestion de la douleur et relaxation du corps ... *123*

La vérité sur la douleur 123

La pleine conscience et les troubles neurologiques 125

L'espoir d'une prise en charge de la douleur 126
Scanners corporels pour la gestion de la douleur 127
Thérapie de retraitement de la douleur 127

Idées de pleine conscience pour aider à la gestion de la douleur 128
Principaux enseignements 130

Chapitre 12 : La pleine conscience athlétique *133*

L'esprit d'un athlète 134

La perception erronée de la pleine conscience dans le sport 135

Visualisation pour les athlètes 137
Idées de pleine conscience pour la performance corporelle 138
Principaux enseignements 141

Chapitre 13 : Être parent en pleine conscience 143

Les étapes de la pleine conscience 144
La pleine conscience pour les nourrissons 144
La pleine conscience pour les enfants 145
La pleine conscience pour les adultes 145

Fixer des normes parentales réalistes 146

Les besoins d'un parent 147
Faire des pauses 148
Principaux enseignements 149

Chapitre 14 : La pleine conscience à tout âge 151

L'esprit d'un enfant 151

Vieillir avec grâce 152

Maintenir la pleine conscience 153

Ce que vous réserve l'avenir 154
Principaux enseignements 155

Conclusion 157

Quelle est votre prochaine étape ? 157

Pouvez-vous nous aider ? 160

Annexe 161

Glossaire 162

Références 165

Ce livre est dédié à ma mère et à mon défunt père.

Introduction :

La science de la pleine conscience

Vous arrive-t-il d'être insatisfait de votre vie ? Des jours où cette voix intérieure critique vous dit : "Vous n'êtes pas assez bien" ? Vous arrive-t-il de faire des comparaisons avec d'autres personnes, amis, famille ou collègues de travail, en pensant qu'ils semblent avoir réussi leur vie ? *Pourquoi ne pouvez-vous pas être comme eux ?*

Les médias sociaux n'ont pas arrangé les choses, en nous offrant une fenêtre fortement filtrée sur la vie des autres. Ce phénomène n'affecte pas seulement les enfants et les adolescents, mais tous les groupes d'âge. Lorsque nous voyons constamment des photos et des vidéos de ce que font les autres, il peut être difficile de se rappeler que ce que font les autres peut ne pas s'appliquer à notre propre vie. De plus, ce que nous voyons n'est qu'un instantané - un moment dans le temps.

Vous avez peut-être l'impression d'être la seule personne à agir de la sorte, mais en réalité, vous n'êtes pas seul(e). Nous sommes tous enclins à la comparaison sociale. Le fait de nous situer dans des groupes sociaux fait partie de la manière dont nous nous définissons. Elle nous aide à répondre à certaines des questions fondamentales que nous nous posons sur nous-mêmes : Qui suis-je ? Qui est-ce que je veux être ? Mais cela n'a de valeur que dans une certaine mesure. Des comparaisons négatives constantes peuvent conduire à l'insatisfaction, à des sentiments d'inadéquation et, à terme, nuire à notre santé émotionnelle.

En réfléchissant à mon parcours pour devenir neurologue, je me rends compte que la réussite, en particulier dans des domaines compétitifs comme la médecine, favorise souvent un état d'esprit de pénurie. Dans ma quête d'admission à l'école de médecine, je me suis efforcé d'exceller sur le plan académique, poussé par la perception d'un nombre limité de places disponibles. J'étais aussi une personne inquiète. Cet état d'esprit m'a conduit à adopter une approche axée sur la comparaison, à me mesurer constamment aux autres et à m'inquiéter des résultats négatifs. J'en suis venu à reconnaissent les effets néfastes de cet état d'esprit et ont activement travaillé à cultiver la compassion et la gentillesse.

Aujourd'hui, je suis passionnée par l'exploration de l'impact de l'état d'esprit sur le bien-être, à la fois dans ma pratique professionnelle et dans ma vie personnelle. Plutôt que de perpétuer le cycle de la comparaison, de l'inquiétude et de la réflexion excessive, je m'efforce de promouvoir une culture de la générosité, de l'auto-compassion et de la compréhension. Par mon travail, je cherche à donner aux autres les moyens d'adopter la bienveillance envers eux-mêmes et envers les autres, en reconnaissant que le véritable succès ne se mesure pas par la comparaison, mais par l'épanouissement intérieur et la connexion authentique.

Comment ceux d'entre nous qui pensent trop peuvent-ils trouver plus de paix, être moins critiques envers eux-mêmes et se sentir moins débordés ? Et quels sont les avantages pour la santé du cerveau que nous pourrions découvrir au cours de ce processus ? C'est au cours de ce voyage que j'ai découvert la pleine conscience.

Le pouvoir de la pleine conscience sur notre cerveau est au cœur de ce livre. Je suis ravie de partager ce voyage avec vous et j'espère qu'en lisant les chapitres qui suivent, vous trouverez les réponses que vous attendiez aux questions ci-dessus et à bien d'autres encore.

Ce qui nous retient

Si vous envisagez souvent des moyens d'apporter des changements positifs à votre vie ou si vous cherchez à améliorer une certaine pratique que vous avez commencée, vous n'êtes pas seul dans cette quête. Nous pouvons tous comprendre le principe, mais ce n'est que lorsque nous nous y mettons que nous découvrons à quel point cela peut être difficile.

La réalité de la condition humaine est que le changement est souvent intimidant et qu'il n'est pas rare de se sentir ennuyé ou distrait, mal à l'aise ou confus. Nous voulons tous des résultats rapides, une solution rapide, et il est donc très facile de se décourager, de se sentir frustré et d'abandonner lorsque les choses deviennent un peu plus difficiles. Cela vous rappelle quelque chose ? Pensez simplement au nombre de résolutions du Nouvel An qui sont jetées à la poubelle à la fin du mois de janvier ! Pourtant, la persévérance a vraiment ses récompenses.

Je vais vous donner un exemple concret du pouvoir que l'esprit peut avoir sur une personne. Il y a 30 ans, la course à pied était ma bête noire. Je voulais intégrer la course à pied à mon programme de remise en forme, relever le défi de courir des demi-marathons ou des marathons complets. J'ai été horrifiée, lors de ma première course, de constater que je ne pouvais même pas courir un pâté de maisons sans devoir m'arrêter pour reprendre mon souffle. Je savais que je devais développer mon endurance en course à pied, j'ai donc suivi un programme qui mesurait ma fréquence cardiaque et me permettait de développer mon endurance au fil du temps. Souvent, je trouvais cette méthode d'entraînement fastidieuse. Avec le programme que j'avais choisi, je devais garder un rythme lent pour développer mon endurance, mais au rythme où je courais, n'importe qui à côté de moi pouvait me dépasser au pas de course.

Je me suis sentie frustrée par la lenteur de mes progrès. *Pourquoi est-ce si difficile pour moi ?* me disais-je. *Serai-je un jour capable de courir un kilomètre, sans parler d'un marathon ?* Ces pensées ne faisaient qu'accroître ma frustration et mon stress face à mon manque de progrès.

Un jour, après des semaines où j'avais l'impression de ne pas progresser, je me suis concentrée sur la façon dont j'inspirais et j'expirais pendant ma course. C'était des années avant que je ne sache ce qu'était l'entraînement à la pleine conscience, et je n'étais donc pas tout à fait sûre de ce que je faisais, mais j'ai découvert que le fait de me concentrer sur la sensation de chaque pas en inspirant et en expirant me permettait d'adopter un rythme régulier et contrôlable pendant que je courais. En me concentrant sur ma respiration, j'ai également constaté que mon esprit restait dans l'instant présent, se laissant guider par ma respiration et le rythme de mes pas. J'ai trouvé que cela m'aidait à me détendre et à rester dans le moment présent pendant que je courais.

Même si la course à pied ne fait pas partie de vos blocages mentaux, je suppose qu'une activité vous angoisse ou vous stresse lorsque vous y pensez, et plus vous vous fixez sur cette activité, plus vous êtes perturbé. Nous pensons souvent à des conversations que nous redoutons, à des tâches quotidiennes que nous ne voulons pas accomplir ou à des expériences éprouvantes auxquelles nous craignons de participer. Ces sentiments sont naturels, car nous réfléchissons tous trop à un moment ou à un autre de notre vie, mais lorsque cela se produit, deux choix s'offrent à nous. Soit nous restons sur ces idées et nous nous sentons encore plus mal, soit nous agissons et nous apprenons à gérer nos émotions avec calme et sang-froid.

La clé de ce dernier choix peut être déverrouillée par la pratique de la pleine conscience.

Pleine conscience et neuroplasticité

Si l'apprentissage de la pleine conscience ne nous fera pas tomber amoureux des tâches que nous ne voulons pas faire, cette pratique peut créer un état d'esprit plus détendu qui nous permet d'avoir une perception confortable de notre environnement. Ce changement nous permet de devenir un observateur des problèmes ou des pensées anxieuses que nous avons plutôt que de rester un participant vulnérable dans une expérience misérable qui ne nous sert pas.

Quelle est donc cette idée apparemment remarquable qui peut conduire à des expériences plus satisfaisantes dans la vie ? Si la notion de pleine conscience revêt des significations diverses selon les individus, elle se résume principalement à la prise de conscience d'une expérience. Bien souvent, nous associons la pleine conscience uniquement à la pratique de la méditation et au "nettoyage de l'esprit", mais c'est bien plus que cela. Au lieu de ne penser à rien ou d'essayer de se vider complètement l'esprit, ce qui est quasiment impossible, la pratique de la pleine conscience nous offre la possibilité de rester présents dans le moment présent et d'agir en tant qu'observateurs de nos pensées.

Il est indéniable qu'il est difficile de s'entraîner à créer un état de pleine conscience. Pour beaucoup, l'idée de prendre le temps de ralentir ou d'ajouter une autre pratique à leur emploi du temps déjà chargé ne semble tout simplement pas réalisable. Cela semble valable lorsque vous considérez la pleine conscience comme une activité distincte que vous devez ajouter à votre journée, mais lorsque vous considérez qu'elle est liée à tout ce que vous faites, cela devient un objectif plus réaliste.

Dans les études sur le cerveau, les scientifiques ont constaté des changements visibles dans la matière cérébrale qui résultent directement de l'apprentissage de la pleine conscience, en particulier de la pratique de la méditation. Dans une étude, les scientifiques ont conclu que même une pratique à court terme de la pleine conscience peut modifier la capacité du cerveau à améliorer la résolution des conflits et le contrôle des émotions (Tang et al., 2012). Étant donné que la neuroplasticité, ou plasticité cérébrale, signifie que notre cerveau est capable de changer pour s'adapter ou répondre à des stimuli internes et externes, les pratiques de pleine conscience que nous intégrons peuvent avoir des effets durables sur notre perception (Puderbaugh & Emmady, 2023).

Pleine conscience populaire

Avez-vous remarqué que l'idée de la pleine conscience et du soin de soi semble s'être répandue dans notre monde au cours de la dernière décennie ? L'intérêt croissant pour la manière de devenir plus calme et moins stressé au cours des dix à vingt dernières années n'est pas une coïncidence.

Alors, pourquoi la pratique de la pleine conscience est-elle si populaire aujourd'hui ? Bien que les chercheurs aient de nombreuses théories pour répondre à cette question, ils sont parvenus à plusieurs grandes conclusions. La plus importante semble être liée à la croissance rapide du stress auquel la société est confrontée quotidiennement, à la déstigmatisation des problèmes de santé mentale et aux preuves scientifiques plus prometteuses selon lesquelles les pratiques de pleine conscience sont bénéfiques pour la santé du cerveau (Bernstein et al., 2019). Bien qu'il puisse être décourageant de savoir que des circonstances stressantes ont justifié la popularité d'une pratique, vous pouvez vous réconforter dans le fait que, grâce à ses avantages et à sa déstigmatisation, l'incorporation de la pleine conscience dans les écoles, les lieux de travail et la culture générale continuera à bénéficier à cette pratique en plein essor.

Ma passion pour la pleine conscience

Permettez-moi de me présenter. Je suis depuis longtemps fasciné par les fonctions et les mystères du cerveau humain. En tant que neurologue et neuro-ophtalmologue, je travaille avec des patients souffrant de diverses pathologies et j'ai consacré plus de vingt ans de ma vie à la neurologie et aux neurosciences. Alors que les médecins et les scientifiques en apprennent chaque jour davantage dans ce domaine, mes recherches m'ont permis de constater à quel point la pratique de la pleine conscience peut avoir un impact sur le traitement et les soins d'un patient. En plus de ma formation médicale, j'ai suivi une formation dhypnothérapeute et je me suis découvert une passion pour l'enseignement du yoga et de la pleine conscience.

Je me consacre à l'introduction de la pleine conscience dans le milieu médical et neurologique, par le biais d'une recherche de qualité. Dans le cadre de cette passion et de ce dévouement, j'ai dirigé et réalisé des essais de recherche clinique, avec la pleine conscience en tant qu'intervention thérapeutique pour les maladies neurologiques, et continue à travailler sans relâche dans ce domaine afin d'améliorer les résultats pour les patients.

En tant que médecin, chercheur et écrivain, mon objectif est de fournir aux autres des informations de qualité qui les aideront à améliorer leur bien-être. Dans ma pratique clinique, je vois souvent des patients qui ne connaissent pas les mesures concrètes qu'ils peuvent prendre pour améliorer leur santé physique et mentale. Je rencontre également de nombreux patients qui ne semblent pas comprendre les avantages d'une pratique de la pleine conscience.

Bien que j'aie écrit de nombreux articles de recherche universitaire et chapitres de livres, il s'agit de mon premier livre destiné au grand public. Ma mission, alors que je m'aventure dans ce nouveau monde de l'écriture de livres pour le public, est de partager des informations de bonne qualité et exploitables pour améliorer la santé et le bien-être de votre cerveau.

Ce livre aidera les débutants qui s'intéressent à la pleine conscience à l'introduire avec succès dans leur vie quotidienne. Mon objectif est de vous fournir des informations utiles, réalisables et pratiques pour faciliter la mise en œuvre de cette pratique. Pour les personnes intéressées, j'ai également présenté les avantages de la pleine conscience sous l'angle des neurosciences.

Considérez ce livre comme votre ressource pour commencer une "année de la pleine conscience" avec des idées faciles à suivre en matière de pleine conscience et de soins personnels, qui vous aideront à vous sentir à la fois calme et motivé sur la voie du bien-être.

Les idées proposées à la fin des chapitres 1 à 12 vous permettront de commencer, en préparant le terrain pour un cheminement attentif à travers des approches d'autosoins. Ce guide vous propose des suggestions pour chaque mois de l'année. Vous pouvez même essayer d'en incorporer une nouvelle chaque jour ou chaque semaine au cours de votre "année de la pleine conscience".

Si les idées présentées dans chaque chapitre ne semblent pas révolutionnaires, elles se veulent des méthodes simples et pratiques pour vous aider à développer un esprit plus ouvert et plus positif.

Ces idées de soins personnels peuvent apaiser votre corps et votre esprit, afin que vous puissiez intégrer la pleine conscience dans votre vie de manière cohérente. Ces idées sont même suffisamment simple pour que vous puissiez commencer à intégrer certaines idées dès aujourd'hui afin de démarrer une existence plus attentive.

Vous trouverez peut-être utile d'utiliser ce livre parallèlement à des pratiques de pleine conscience guidées, telles que des méditations respiratoires, des exercices de respiration, des balayages corporels et des pratiques de mouvement. J'aborde ces pratiques dans les chapitres correspondants du livre, et je vous renvoie aux audioguides auxquels vous avez accès avec ce livre.

J'espère que vous trouverez ce livre agréable et utile.

"Le voyage d'un millier de kilomètres commence par un seul pas".

Lao Tseu

Chapitre 1 :

Explorer la neuroplasticité

Avez-vous déjà été témoin d'un bambin en pleine crise de nerfs ? Je parle de coups de pied et de cris sur le sol parce que quelque chose ne va pas dans leur sens. Dans ces moments-là, vous arrive-t-il de vous dire : "*Il y a des jours où j'ai envie de faire la même chose*" ?

Bien que les adultes aient généralement la capacité de limiter les crises physiques dans la vie, nos comportements anxieux se manifestent d'autres manières si nous ne cultivons pas une approche utile pour gérer les facteurs de stress.

Par exemple, un parent très occupé qui travaille dix heures par jour et doit encore préparer le dîner pour sa famille, préparer les déjeuners de ses enfants pour la prochaine journée d'école et étudier pour un cours en ligne le soir peut voir son humeur fluctuer plus que d'habitude tout au long de la journée en raison du grand nombre d'activités avec lesquelles il jongle. Ce parent peut se sentir stressé, en colère et même en conflit à cause de son emploi du temps chargé, et c'est compréhensible.

La régulation de nos sentiments devient un défi lorsque nous passons d'une activité à l'autre jour après jour. Si vous en avez l'occasion, ralentissez quelques instants après une journée bien remplie. Que ressentez-vous ? Pour de nombreuses personnes, l'esprit est encore en ébullition à cause de ce qu'elles ont vécu jusqu'à ce moment-là, ce qui les empêche de se détendre. L'esprit d'une personne peut s'égarer sur sa liste de choses à faire ou sur une erreur qu'elle a commise plus tôt dans la journée.

Certains tentent de combattre l'agitation incessante de la vie par des vices tels que le café, l'alcool, la drogue ou le gaspillage d'argent pour des objets inutiles, mais cela n'apporte qu'un soulagement temporaire au stress que nous subissons. Il existe une autre approche de la vie qui ne nécessite pas d'équipement coûteux, d'abonnement à une salle de sport ou d'habitudes négatives pour créer un meilleur sentiment de soi et de bien-être. Elle réside dans notre capacité à remodeler notre cerveau.

Signaux cérébraux importants

Soyons réalistes : notre cerveau essaie de faire plus que ce que nous voulons parfois. Si vous avez déjà eu l'impression que votre esprit s'emballait la nuit alors que vous vouliez simplement dormir, vous savez de quoi je parle. En raison de sa complexité et de ses fonctions, le cerveau cherche à donner un sens aux situations et à organiser les pensées en catégories dans notre esprit à tout moment de la journée. C'est très utile, n'est-ce pas ? Si cette capacité est formidable pour résoudre les problèmes et prendre rapidement des décisions, elle n'est pas aussi géniale lorsque nous voulons nous détendre mais que nous ne pouvons pas "éteindre" nos pensées permanentes.

Notre cerveau travaille constamment en coulisse pour s'assurer que les messages sont envoyés et que les connexions sont établies de manière à ce que nous interprétions et traitions les informations correctement. Les signaux envoyés par notre cerveau donnent vie à nos mouvements musculaires, à notre vue, à notre ouïe, à notre odorat, à notre goût et à notre toucher.

Le point de rencontre vital pour la communication dans notre cerveau est connu sous le nom de synapse, une zone qui libère des signaux chimiques appelés neurotransmetteurs (Sivadas & Broadie, 2020). "L'une des caractéristiques les plus importantes de notre cerveau est que les synapses changent lorsque nous les utilisons. Ces changements dans nos synapses (plasticité) nous permettent d'apprendre de nouvelles informations, puis de nous souvenir de ce que nous avons appris" (Sivadas & Broadie, 2020). C'est grâce à ces signaux que notre esprit forme des souvenirs qui nous aideront tout au long de notre vie.

Sans ces synapses, nous devrions réapprendre les étapes des tâches quotidiennes que nous effectuons depuis le début chaque fois que nous essayons de les réaliser. Bien entendu, lorsque le cerveau est altéré par une lésion telle qu'un accident vasculaire cérébral, une commotion cérébrale ou une rupture d'anévrisme, les messages des synapses peuvent avoir des difficultés à accomplir leur tâche. La plasticité de notre cerveau permet des changements bénéfiques ou négatifs. C'est pourquoi l'intégration de pratiques de pleine conscience dans notre vie peut permettre à nos réseaux cérébraux d'évoluer de la meilleure façon possible.

Adopter la pratique

Si vous avez hésité à intégrer des pratiques de pleine conscience dans votre vie parce que vous pensez ne pas avoir assez de temps ou parce que vous ne pouvez tout simplement pas imaginer la valeur qu'elles vous apporteront, considérez ce qui suit. Les pratiques de pleine conscience ne doivent pas nécessairement être quelque chose qu'une personne prend le temps de faire séparément dans sa journée. Au contraire, les activités de pleine conscience que l'on pratique sont censées améliorer tous les aspects de la journée d'une personne en apportant une concentration, une clarté et une sérénité accrues dans toutes les situations. Comme pour toute chose, il y aura des jours difficiles et des jours faciles avec la pleine conscience au début. Considérez la pleine conscience comme un mode de vie permanent.

Bien que l'intégration de pratiques de pleine conscience ne garantisse pas l'absence de stress au cours de la vie, elle peut améliorer la capacité du cerveau à envisager les situations stressantes avec résilience, optimisme et positivité, ce qui permet à une personne d'avoir une humeur et un état d'esprit plus stables dans toutes les activités qu'elle entreprend. Imaginez les possibilités qui s'offrent à vous lorsque vous parvenez à mieux contrôler vos sentiments et vos réactions.

Cette pratique requiert une ouverture d'esprit qui constitue souvent un obstacle pour les débutants. De nombreuses personnes ont les meilleures intentions pour commencer une pratique de la pleine conscience par la méditation, mais elles s'ennuient vite ou sont distraites, abandonnant rapidement parce qu'elles ont l'impression de ne pas faire l'exercice correctement. Si cela vous semble familier, permettez-moi de vous rassurer en vous disant que le fait de rester fidèle à cette pratique au fil du temps porte ses fruits de manière exponentielle. Vous pouvez apprendre à rester attentif dans tout ce que vous entreprenez et, grâce à des techniques telles que la méditation, la respiration profonde et le balayage corporel, vous pouvez enrichir toutes les autres activités ou tâches que vous entreprenez.

L'importance de s'ancrer dans la réalité

Commencez par comprendre qu'il existe des centaines de techniques pour vous aider à pratiquer la pleine conscience tout au long de la journée, mais que vous n'avez pas besoin de vous concentrer sur chacune d'entre elles pour en tirer les premiers bénéfices d'une pratique de la pleine conscience. L'intégration de techniques de pleine conscience, même minimes, pendant une courte période peut avoir des effets positifs et mesurables sur les régions frontales et préfrontales du cerveau, ce qui a amené les chercheurs à conclure que les pratiques de pleine conscience remodèlent positivement la matière grise, le cortex préfrontal, l'amygdale et l'hippocampe (Hölzel et al., 2011).

La clé pour commencer, comme pour toute nouvelle pratique, est de ne pas se laisser submerger dès le début. Il est temps de s'ancrer dans le processus et de ne pas en faire trop à la fois. Bien que ce livre propose de nombreuses techniques et suggestions pour favoriser la pleine conscience, il est important de choisir ce qui vous convient le mieux. Vous pouvez être certain que l'intégration de n'importe quelle technique vous aidera à vous sentir plus calme et plus confiant tout au long de votre journée, mais il est préférable de commencer par celles qui vous aideront à vous ancrer dans une pratique future de la pleine conscience afin que vous ayez envie de continuer.

Dans les prochains chapitres, vous trouverez à la fin des sections qui proposent des idées de pleine conscience en rapport avec le sujet du chapitre. Elles ont pour but de vous donner un moyen immédiat de mettre en pratique ce que vous avez appris et de développer une approche plus attentive de la vie.

Choisissez ce qui vous convient le mieux en fonction de votre emploi du temps et de vos objectifs. S'il est bon d'essayer de nouvelles idées, si vous essayez une technique qui vous met mal à l'aise, permettez-vous d'essayer quelque chose de différent tout en restant ouvert à l'apprentissage et à l'évolution du processus.

Le développement de vos compétences en matière de pleine conscience devient plus facile avec le temps et la pratique, mais il vous faudra également faire preuve de patience. L'ouverture d'esprit dont vous ferez preuve à l'égard de ces techniques vous aidera à tirer le meilleur parti de votre pratique.

N'oubliez pas, tout d'abord, de vous concentrer sur de petits moyens d'améliorer et de développer votre pratique chaque jour.

Des idées pour se ressourcer en pleine conscience

Les idées suivantes sont des suggestions pour vous ancrer dans une pratique pleine de nouvelles opportunités pour vous. Il s'agit simplement d'idées qui peuvent aider un individu à se préparer à adopter une attitude plus attentive. Ce sont également des idées qui vous aideront à apaiser rapidement votre esprit lorsque vous vous sentez stressé ou anxieux.

Dans les prochains chapitres, vous en apprendrez davantage sur des pratiques et des techniques de méditation spécifiques, mais pour l'instant, permettez à ces idées de vous guider pour vous préparer à développer une ouverture d'esprit pour votre pratique.

- Installez-vous confortablement, fermez les yeux et restez assis avec vos pensées pendant cinq minutes.
- Créez ou trouvez un espace dans votre maison qui vous apporte un sentiment de calme ou de bonheur.
- Trouvez un objet doux qui vous procure un sentiment de satisfaction ou de calme, comme une couverture, un oreiller ou un pyjama confortable.
- Achetez, imprimez ou dessinez un calendrier pour suivre les pratiques de pleine conscience.
- Choisissez une heure au cours de la semaine prochaine. Réservez cette heure à une activité favorite que vous réalisez seul, comme prendre un bain ou une douche, faire une sieste ou une promenade.
- Commencez à prêter attention à l'éclairage de votre maison. Voudriez-vous changer quelque chose ? L'éclairage est-il apaisant ou non ? Que changeriez-vous (le cas échéant) ?
- Trouvez une feuille blanche ou un carnet vierge pour commencer à tenir un journal pendant votre futur voyage de pleine conscience. Commencez à régler une minuterie pour 10 minutes chaque jour et écrivez librement pendant ces minutes (dans les chapitres suivants, j'aborderai des sujets qui vous aideront à vous concentrer).
- Faites votre lit (concentrez-vous sur la propreté et le confort de votre espace de sommeil).
- Dressez une liste de trois personnes sur lesquelles vous pouvez compter. Ces personnes pourraient être considérées comme vos amis ou membres de la famille de référence lorsque vous avez

besoin d'aide.
- Dressez une liste de cinq chansons (ou artistes musicaux) qui vous apaisent ou vous satisfont.
- Pensez à une tenue qui vous donne confiance en vous (portez-la cette semaine).
- Trouvez un endroit chez vous pour vous asseoir et observez votre environnement sans le juger pendant 10 minutes. Que remarquez-vous ?
- Créez un mantra pour vous-même. Il peut être aussi simple que "rester présent". Dites ce mantra chaque matin, comme la première chose que vous faites en vous réveillant.
- Si vous êtes anxieux, prenez trois inspirations et expirations lentes et profondes (nous reviendrons sur les techniques de respiration dans un chapitre ultérieur).
- Faites une petite promenade de 15 à 20 minutes aujourd'hui. Soyez attentif à vos sens. Que voyez-vous, entendez-vous et sentez-vous en marchant ?
- Comptez lentement de 1 à 10, puis comptez lentement à rebours de 10 à 1.
- Trouvez une bougie ou un parfum pour votre maison qui vous fait sentir calme. Fermez les yeux et sentez cette odeur lorsque vous vous sentez anxieux.
- Tapotez doucement vos bras de haut en bas avec le bout de vos doigts pendant vingt secondes tout en respirant. Ensuite, arrêtez-vous et détendez-vous. Remarquez ce que vous ressentez.
- Accomplir une petite tâche vous donnera un sentiment d'accomplissement. Il doit s'agir d'une tâche que vous maîtrisez bien et que vous pouvez terminer facilement.
- Sortez et respirez simplement pendant cinq minutes.
- Asseyez-vous sur une chaise ou allongez-vous sur votre lit lorsque vous êtes anxieux. Fermez les yeux et pensez à votre endroit préféré, comme un champ de fleurs ou un spa.
- Supprimez une application inutile de votre téléphone (commencez par une petite application ; nous poursuivrons la discussion sur la réduction de l'utilisation du téléphone et des distractions dans les prochains chapitres).
- Gardez votre chambre à coucher dans l'obscurité lorsque vous dormez (voir les bonus sur le sommeil en annexe).
- Lavez-vous les mains et le visage (vous serez surpris de constater à quel point cela peut vous apporter un sentiment d'équilibre et de

satisfaction).
- Parlez à quelqu'un que vous admirez et qui respire la positivité.
- Faites une pause de 30 minutes à une heure pour lire un livre.
- Déplacer les lieux (d'une pièce à l'autre pour acquérir une nouvelle perspective).
- Créez un personnage pour vos sentiments. Par exemple, " dessinez ou décrivez [votre anxiété] comme une petite marionnette de gremlin, un animal ou un fantôme caricatural. Vous pouvez ensuite raconter mentalement l'histoire de vos interactions avec l'anxiété " (Regan, 2023). Cela peut vous aider à comprendre que vos émotions ne doivent pas vous contrôler et que vous êtes responsable de vos réactions aux situations.
- Reconnaissez-vous. Où en êtes-vous dans votre vie en ce moment ? Énoncez à haute voix l'heure, le mois et l'année. Décrivez ce que vous faites aujourd'hui. Cela peut vous aider à prendre conscience du moment présent.
- Regardez ou écoutez l'une de mes pratiques gratuites de méditation guidée (voir annexe). Commencez à remarquer ce que vous pouvez apprendre à apprécier dans la pratique de la méditation.
- Réfléchissez à ce dont vous êtes reconnaissant aujourd'hui. Pensez à trois objets, personnes ou concepts pour lesquels vous pourriez exprimer votre gratitude. Utilisez
- votre journal de gratitude pour réaliser cet exercice ou téléchargez l'un de ces modèles gratuits pour rédiger votre réponse.

Principaux enseignements

- La communication a lieu dans le centre de messages du cerveau, ce qui nous permet de recevoir et d'échanger des informations par l'intermédiaire des synapses et de la libération de substances chimiques.

- La plasticité du cerveau change et s'adapte aux nouvelles expériences, qu'elles soient positives ou négatives.

- Les techniques de pleine conscience permettent de calmer et d'observer les pensées afin d'atténuer le stress et de créer un état d'esprit de croissance.

Lorsque vous commencez à réfléchir aux options qui vous aideront à vous sentir le mieux ancré pour créer un état d'esprit plus positif, n'oubliez pas de commencer lentement et d'utiliser un auto-parler positif. Il est difficile de commencer une pratique sans avoir l'esprit ouvert et la volonté d'essayer quelque chose de nouveau, alors offrez-vous la chance de rester curieux dans votre propre exploration de la pleine conscience.

Chapitre 2 :

La pleine conscience et le cerveau

Si vous imaginez les attributs physiques du cerveau humain, que voyez-vous ? Vous vous imaginez peut-être une scène de film de science-fiction où une tache humide et rosâtre, avec des sillons ondulés, flotte dans un bocal ou repose sur un plateau d'argent dans un laboratoire. En général, les aspects physiques du cerveau ne semblent pas très importants, mais les fonctions de ce mystérieux organe sont phénoménales.

Notre cerveau est constitué de tissus qui dirigent constamment nos réponses, nos sens, nos mouvements, nos capacités de communication, notre mémoire, nos sentiments, notre langage et notre pensée (Maldonado & Alsayouri, 2023). Lorsque nous nous sentons excités, en colère, dépassés, surpris ou effrayés, notre cerveau s'efforce de donner un sens à tout cela. Notre cerveau s'efforce naturellement de le faire pour nous, mais toute lésion ou maladie du cerveau peut interrompre les signaux et les messages qui tentent de se déplacer d'un endroit à l'autre. L'étude des différentes parties du cerveau et de leurs fonctions peut nous aider à mieux comprendre pourquoi les soins personnels et la préservation de notre mémoire sont importants pour notre bien-être.

Dans cette section, nous examinerons les principales parties du cerveau et leurs fonctions afin de comprendre comment elles influencent notre humeur et notre état d'esprit. Comme il a été prouvé que le renforcement et l'entraînement cognitif ont un impact positif sur l'activité cérébrale, il est utile de connaître les principales zones impliquées dans le fonctionnement du cerveau afin de comprendre comment une pratique de la pleine conscience peut être bénéfique.

Ce que nous savons sur le cerveau

Bien que le cerveau recèle encore de nombreux mystères, la recherche scientifique nous a permis de mieux comprendre ses fonctions. Le

Les côtés droit et gauche du cerveau, collectivement appelés cerveau, contiennent des plis et des crêtes à leur surface (Maldonado & Alsayouri, 2023). Le cerveau est relié au tronc cérébral et aide à contrôler les comportements, les sentiments, la mémoire et les fonctions motrices et sensorielles (Maldonado & Alsayouri, 2023). Le côté gauche du cerveau aide au langage et au traitement des concepts logiques, tandis que le côté droit contrôle les idées plus créatives et intuitives. Les deux côtés travaillent en tandem pour donner un sens aux idées abstraites ainsi qu'aux concepts tangibles que nous rencontrons chaque jour.

Les quatre lobes

À l'intérieur de ces sections du cerveau, quatre lobes permettent d'affiner encore davantage nos capacités de traitement.

Lobe frontal

Ce lobe prend en charge les fonctions langagières, cognitives et motrices permettant à une personne de réguler son humeur, sa conscience de soi et sa personnalité (Maldonado & Alsayouri, 2023). Considérez cette zone du cerveau comme la partie qui vous donne la capacité de planifier et de contrôler ce que vous voulez faire.

Lobe pariétal

Le lobe pariétal aide la personne à clarifier les informations sensorielles et contribue à la mémoire (Maldonado & Alsayouri, 2023). Sans cette partie, nous ne serions pas en mesure de traiter les températures sur notre peau ou la conscience spatiale.

Lobe temporal

Le lobe temporal sert d'usine de traitement du langage écrit et parlé (Maldonado & Alsayouri, 2023). Cette zone nous permet de stocker et de récupérer des informations afin que nous puissions reconnaître et conserver des souvenirs du passé.

Lobe occipital

Enfin, le lobe occipital sert à interpréter les images visuelles (Maldonado & Alsayouri, 2023). Ce lobe nous aide à reconnaître les visages et à percevoir la profondeur.

Le cervelet

Ensuite, le cervelet est un centre de contrôle des mouvements et des fonctions motrices. "Le cervelet contribue également à diverses fonctions cognitives telles que l'attention, le langage, la réponse au plaisir et la mémoire de la peur (Maldonado & Alsayouri, 2023). C'est dans cette zone que notre cerveau travaille pour perfectionner la façon dont nous voulons bouger notre corps. "De nouvelles études explorent les rôles du cervelet dans la pensée, les émotions et le comportement social, ainsi que son implication possible dans la dépendance, l'autisme et la schizophrénie" (Johns Hopkins Medicine, 2022).

Le tronc cérébral

Enfin, le tronc cérébral se compose du mésencéphale, du pons et de la moelle, qui sont des zones qui travaillent ensemble pour contrôler les fonctions corporelles. Le tronc cérébral relie le cerveau à la moelle épinière et établit des connexions pour contrôler les "fonctions autonomes telles que la respiration, la régulation de la température, la respiration, le rythme cardiaque, les cycles éveil-sommeil, la toux, les éternuements, la digestion, les vomissements et la déglutition" (Maldonado & Alsayouri, 2023).

Comment les pratiques de pleine conscience peuvent façonner le cerveau

Chaque jour, notre cerveau travaille dur pour donner un sens à notre environnement et pour envoyer des messages aux parties de notre corps que nous voulons voir fonctionner correctement. Bien que le cerveau y parvienne avec un minimum d'effort, il travaille en réalité très dur pour apprendre des leçons et catégoriser les événements. En tant que

Notre cerveau retient les informations de chaque expérience, ce qui contribue au recâblage qui s'ensuit.

Lorsqu'un individu est placé dans une situation qui exige une réaction, son cerveau s'efforce de choisir la réponse qui le protégera le mieux. Vous avez probablement entendu parler de l'idée de "combat" ou de "fuite", mais ces réactions font que notre cerveau et notre corps s'accrochent aux souvenirs de ces réponses chaque fois qu'elles se produisent, afin que nous puissions tirer des leçons de l'expérience. La façon dont nous réagissons aux circonstances a un impact sur la matière grise, c'est-à-dire le tissu de notre cerveau qui nous permet de fonctionner et de prendre des décisions intelligentes (Hölzel et al., 2011). Le cerveau envoie des messages par le biais de sécrétions hormonales de cortisol et d'adrénaline, fournissant à une personne une réponse qui la protège dans de nombreux cas, mais qui ajoute également à son stress mental et physique au fil du temps.

Si vous avez déjà remarqué des épaules tendues ou une mâchoire serrée à la fin d'une journée de travail stressante, vous pouvez comprendre l'impact que ces expériences peuvent avoir physiquement sur le corps. Au fil du temps, le corps et l'esprit continuent à retenir ce stress s'ils ne disposent pas d'un exutoire pour relâcher la tension. Les maladies cardiaques, la dépression, l'anxiété, la maladie d'Alzheimer, l'obésité et les problèmes gastro-intestinaux ne sont que quelques-uns des risques pour la santé associés au stress à long terme (R. Morgan Griffin, 2010).

Dans un monde au rythme effréné et inondé de distractions, il n'a jamais été aussi crucial de prendre soin de la santé de notre cerveau. Au milieu de ce chaos, la pleine conscience apparaît comme un outil puissant. Grâce à une attention délibérée au moment présent, la pleine conscience nous invite à observer nos pensées, nos émotions et nos sensations sans porter de jugement. Ce faisant, nous pouvons mieux comprendre le fonctionnement complexe de notre esprit.

La recherche démontre de plus en plus les innombrables bienfaits de la pleine conscience sur la santé du cerveau, qu'il s'agisse de la réduction du stress et de l'anxiété ou de l'amélioration des fonctions cognitives et de la régulation émotionnelle. Certaines découvertes récentes ont mis l'accent sur la manière dont une pratique quotidienne à long terme de la méditation en pleine conscience peut augmenter la densité de la matière grise. La matière grise est la partie du cerveau et de la moelle épinière principalement composée de corps cellulaires neuronaux et de dendrites, essentiels au traitement des informations et à l'exécution des fonctions cognitives. Elle a un impact sur nos émotions, notre communication et notre capacité à prendre des décisions. La méditation de pleine conscience a également été associée à l'aide à l'apprentissage.

épaissir l'hippocampe, qui est associé à la régulation des émotions et à la mémoire.

La pratique régulière de la pleine conscience

Pour apaiser notre esprit et notre corps, notre cerveau a besoin d'activités qui offrent une pause par rapport au quotidien et nous donnent l'occasion de recalibrer notre bien-être physique et mental. Nombreux sont ceux qui pensent que la pratique de la pleine conscience doit se concentrer uniquement sur la méditation, mais il existe de nombreuses façons d'apaiser et de rafraîchir l'esprit et le corps.

Lorsqu'une personne intègre des pratiques de pleine conscience dans sa journée, elle est susceptible de ressentir un sentiment de calme, de gratitude et d'espoir qui, au fil du temps, l'aide à établir un lien intime avec sa place dans le monde et à se sentir plus heureuse et plus satisfaite d'elle-même dans l'ensemble.

Pour démontrer que les pratiques de pleine conscience offrent un sentiment de connexion même lorsqu'elles sont pratiquées seules, imaginez ce que vous ressentez lorsque vous avez eu l'occasion de participer à une activité que vous aimez et à une autre que vous n'aimez pas. Comment vous sentez-vous une fois l'activité terminée ? Lorsque vous avez terminé une activité que vous n'aimez pas, vous pouvez ressentir un sentiment de soulagement, mais vous pouvez aussi vous sentir fatigué et incapable d'accomplir d'autres tâches par la suite.

Les activités de pleine conscience nous offrent la possibilité de passer des moments à interagir avec nos pensées et nos sentiments et à nous concentrer sur quelque chose d'une manière calme, afin que nous puissions ensuite absorber l'énergie que cela nous offre et l'utiliser pour effectuer d'autres activités en pleine conscience.

Bien que la pleine conscience ne soit pas magique, elle offre des atouts bénéfiques pour la vie en général, notamment une nouvelle conscience et une ouverture aux expériences et aux personnes, une plus grande empathie et compassion pour les autres, ainsi que la capacité de comprendre le stress et d'y répondre par une approche régulée.

Dans une étude sur l'impact de la pleine conscience, des chercheurs ont étudié le cerveau de personnes qui avaient médité environ 30 minutes par jour pendant huit semaines consécutives (Hölzel et al., 2011). En mesurant l'activité cérébrale, ces chercheurs ont constaté que la matière grise du cerveau des participants était devenue plus concentrée qu'à l'époque de la méditation.

au début de leur expérience, démontrant que les zones qui déclenchent les souvenirs, le sentiment d'identité et l'empathie étaient davantage sollicitées au fil du temps grâce à leur pratique de la pleine conscience. La recherche a également montré que plus une personne pratique la méditation longtemps, plus sa concentration et son attention s'améliorent (Baron Short et al, 2010).

Dans le cadre de mes propres recherches, des études préliminaires utilisant l'imagerie par résonance magnétique fonctionnelle (IRMf), qui est un moyen de montrer les connexions des réseaux cérébraux, ont montré que les pratiques de pleine conscience pouvaient modifier les réseaux cérébraux dans le contexte de maladies neurologiques (Wong et al, 2024).

Alors que les chercheurs continuent de percer chaque jour les mystères du cerveau, il est utile d'avoir une idée des pratiques et des techniques qui peuvent apporter des bienfaits à une personne en pleine conscience.

Dans notre monde trépidant et ininterrompu, la pleine conscience peut sembler un luxe lointain. Pourtant, comme l'a dit poétiquement William Henry Davies, "Qu'est-ce que cette vie si, pleins de soins, nous n'avons pas le temps de rester debout et de regarder ?".

Le flux constant de nos vies modernes rend la pleine conscience non seulement difficile, mais aussi de plus en plus essentielle.

À la base, la pleine conscience nous invite à profiter pleinement du moment présent, en reconnaissant nos pensées, nos émotions et nos sensations lorsqu'elles se manifestent en réponse au monde qui nous entoure. En cultivant cette conscience, nous pouvons alléger les soucis inutiles, savourer les joies de la vie et mieux nous connaître.

Si l'intégration de la pleine conscience dans nos habitudes quotidiennes est inestimable, le fait de consacrer du temps à des pratiques de pleine conscience peut en amplifier les bienfaits. Voici différentes techniques que vous pouvez intégrer dans votre journée :

- Méditation de pleine conscience : Dans le tourbillon de la vie, que ce soit dans un métro bondé ou à un feu rouge, consacrez un moment à vous concentrer sur votre respiration. Observez simplement son flux et son reflux, permettant à son rythme de servir de point d'ancrage au moment présent et de vous ancrer au milieu du chaos. Vous pouvez également intégrer cette pratique à votre routine domestique, par exemple en réservant dix minutes à la respiration minutes le soir, lorsque vous vous détendez à la fin d'une journée bien remplie.
- Conscience ouverte : Engagez pleinement vos sens, en vous immergeant dans la riche tapisserie du monde qui vous entoure. Prenez note des sons, des couleurs et des sensations qui vous entourent. Cette pratique permet de cultiver une connexion profonde avec le moment présent et de favoriser un sentiment de présence.
- Balayage corporel : Réservez un moment pour vous mettre à l'écoute de votre corps, en recherchant les zones de tension, d'inconfort ou les sensations subtiles. Sans porter de jugement, reconnaissez simplement ce que vous ressentez, en embrassant l'unité de votre moi physique et émotionnel. Cette pratique comble le fossé entre le corps et l'esprit, en favorisant un sentiment de plénitude et de conscience de soi.
- Mouvement conscient : Adoptez le mouvement en pratiquant le yoga, le tai-chi ou le pilates. À chaque étirement et extension, concentrez-vous sur le rythme de votre respiration et sur les sensations ressenties dans votre corps. Transformez chaque mouvement en une opportunité de conscience attentive, en vous ancrant dans le moment présent.
- Espaces de respiration en 3 étapes : La respiration en 3 étapes est une technique enseignée dans le cadre de la thérapie cognitive basée sur la pleine conscience (Mindfulness-Based Cognitive Therapy, MBCT). Elle commence par une prise de conscience ouverte, en

prenant une minute pour remarquer ce qui est présent dans l'instant avec vos émotions, les sensations de votre corps, vos schémas de pensée ou vos préoccupations. Ensuite, concentrez-vous sur votre respiration pendant environ une minute. Respirez profondément et intentionnellement, en permettant à chaque inspiration et expiration de vous ancrer fermement dans le moment présent. Faites une courte pause entre chaque respiration et trouvez un sanctuaire au milieu du chaos, en cultivant un sentiment de paix et de tranquillité à l'intérieur de vous. Enfin, étendez votre conscience de votre respiration à l'ensemble de votre corps. Remarquez comment vous vous sentez maintenant par rapport au moment où vous avez commencé.

- La pleine conscience des pensées et des émotions : Plongez dans les profondeurs de votre paysage intérieur, en cultivant une conscience aiguë de vos pensées et de vos émotions lorsqu'elles font surface. Observez-les avec
- Cette pratique d'acceptation radicale vous permet d'embrasser tout le spectre de votre expérience humaine et de développer un sentiment de compréhension de soi. Dans cette pratique d'acceptation radicale, embrassez le spectre complet de votre expérience humaine, en favorisant un sentiment de compréhension de soi.

Nous développerons certaines de ces techniques dans les chapitres suivants et montrerons comment ces pratiques peuvent soutenir différents aspects de votre vie et de la santé de votre cerveau. Vous trouverez en annexe des audioguides présentant les pratiques susmentionnées.

Des idées pour améliorer la santé du cerveau

La pratique de la méditation en pleine conscience, que nous aborderons dans un chapitre ultérieur, peut aider l'esprit et le corps à se réinitialiser.

En attendant, les idées suivantes offrent un moyen de compléter votre journée par des pratiques et des activités d'autosoins brèves et réalisables, afin de maintenir votre cerveau actif et alerte. Les idées présentées ici sont à prendre en considération si vous cherchez à calmer les réactions de stress dans votre corps et à améliorer votre sens de la régulation émotionnelle et de la prise de conscience au fil du temps.

Pour rappel, les idées qui suivent ne sont pas destinées à être réalisées en une seule fois. Elles ne sont même pas destinées à être abordées en bloc. Cette liste vous propose plutôt un menu d'options parmi lesquelles vous pouvez choisir si vous souhaitez essayer une activité qui favorise la santé de votre cerveau.

- Fixez des limites intentionnelles au temps passé devant l'écran et pratiquez une utilisation réfléchie de la technologie en faisant des pauses pour reposer vos yeux et recentrer votre attention loin des distractions numériques.
- Simplifiez la prise de décision en réduisant le nombre d'options lorsque c'est possible, car une abondance de choix peut submerger l'esprit et entraîner une fatigue mentale.
- Faites des listes de choses à faire et rayez-les. Notez le sentiment d'accomplissement que vous ressentez.
- Trouvez des occasions de créer des routines chaque jour. Par exemple, commencez par vous coucher et vous réveiller à peu près à la même heure chaque jour. Tenez un journal pour savoir comment vous vous sentez tout au long de la journée.
- Protégez votre temps et fixez-vous des limites. Remarquez comment vous vous sentez après avoir pris le temps de vous reposer et de vous ressourcer.
- Dressez une liste des trois personnes qui vous apportent le plus de bonheur et envoyez-leur un message pour leur dire combien vous êtes reconnaissant de les avoir dans votre vie.
- Dressez une liste des trois principales choses qui vous apportent la paix. Prévoyez dans votre semaine du temps dédié à ces choses. Qu'il s'agisse de prendre un café, de voir un ami, de promener votre chien ou de passer une journée tranquille.
- Trouvez des moyens de vous récompenser pour un travail bien fait ou pour avoir accompli des tâches. Laissez cette récompense motiver votre cerveau à poursuivre ses efforts.
- Tenez un journal de gratitude. À la fin de chaque journée, prenez le temps de réfléchir à votre journée et notez trois choses dont vous êtes reconnaissant. Il peut s'agir d'un délicieux en-cas ou d'une remarque gentille d'un être cher.
- Pratiquez l'écoute active lors de conversations, de réunions ou en écoutant de la musique, en sollicitant pleinement vos sens et en réduisant les distractions mentales.
- Quel est le sujet sur lequel vous avez toujours voulu en savoir plus ? Accordez-vous du temps pour explorer votre curiosité, que ce soit en lisant un livre, en regardant un documentaire, en assistant à une conférence ou en visitant un musée.

- Passez du temps dans la nature. Il est prouvé que les espaces verts (comme un parc, une forêt ou un champ) et les espaces bleus (comme l'océan, un lac ou une rivière) contribuent à apaiser notre esprit et à favoriser un sentiment de satisfaction.
- Consommez des aliments riches en vitamines et en antioxydants, tels que les épinards, le chou frisé, les acides gras oméga-3, l'huile d'olive et les avocats. Limitez les excès alimentaires en modérant la taille des portions.
- Restez en contact avec votre communauté et envisagez de participer à des activités sociales.
- Apprenez le tai chi, une forme douce d'arts martiaux, pour améliorer l'équilibre, la coordination et les fonctions cognitives tout en favorisant la relaxation.
- Jouez à des jeux cérébraux tels que les puzzles et remarquez ce que vous ressentez lorsque vous vous lancez un défi.
- Limitez votre consommation d'alcool. Vous pouvez tenir un journal des moments où vous consommez de l'alcool et de ce que vous ressentez. Surveillez l'impact de votre consommation d'alcool et apportez des changements qui vous aideront à vous sentir mieux.
- Planifiez des visites de contrôle régulières chez votre médecin, par exemple pour les yeux, et chez votre dentiste. Ces petites choses peuvent être très gratifiantes et vous donner le sentiment de prendre soin de vous de manière proactive.
- Le processus d'arrêt du tabac est une pratique de pleine conscience, qui permet de prendre conscience des effets néfastes du tabagisme sur la santé physique et le bien-être mental.
- Limitez le sucre dans votre alimentation, mais ne vous forcez pas à arrêter si vous avez un penchant pour les sucreries. Lorsque vous mangez quelque chose de sucré, prenez votre temps, savourez-le et appréciez le moment.
- Réglez une alarme une heure avant le coucher pour rappeler à votre cerveau et à votre corps de commencer à se calmer pour la nuit. Créez une routine de soutien pour une nuit reposante comprenant des étirements, la tenue d'un journal, une tisane, de la lecture ou tout ce qui peut vous aider.

NB : Les idées d'autosoins ci-dessus aident à préparer votre cerveau et votre corps à des pratiques régulières de méditation de pleine conscience. Vous trouverez en annexe des audioguides gratuits sur les méditations de pleine conscience. Utilisez ces audioguides en même temps que les pratiques d'autosoins ci-dessus, alors que vous vous lancez dans votre "année de la pleine conscience".

Principaux enseignements

Lorsque vous réfléchissez à la manière d'intégrer des pratiques de pleine conscience dans votre vie, faites preuve de créativité en utilisant les possibilités qui vous sont offertes. Écoutez votre voix intérieure lorsque vous décidez des activités qui vous conviennent et qui en valent la peine.

- Les tissus du cerveau contrôlent les fonctions sensorielles, le mouvement, la mémoire et le langage.

- Les quatre lobes du cerveau - frontal, pariétal, temporal et occipital - permettent à une personne d'absorber, de traiter et de réagir aux expériences.

- Le tronc cérébral et le cervelet contrôlent certains mouvements du corps.

- Des études montrent que la matière grise et les réseaux cérébraux réagissent aux pratiques de pleine conscience, ce qui a un impact positif sur les individus.

Au-delà de notre discussion de base sur l'impact des pratiques de pleine conscience sur le cerveau, nous commencerons à examiner des aspects plus spécifiques de la mémoire et des fonctions cognitives pour favoriser la santé cérébrale.

Chapitre 3 :

La mémoire et la pleine conscience

Inspirez profondément, puis expirez longuement. Que sentez-vous à ce moment précis ? Si vous vous trouvez à proximité d'une composition florale, d'un désodorisant ou d'un aliment, il vous sera sans doute plus facile d'identifier rapidement le souvenir que cette odeur particulière pourrait déclencher chez vous.

L'odorat est l'un de nos sens les plus puissants qui aide à la mémorisation. "La caractéristique la plus distinctive des souvenirs provoqués par une odeur, et la raison pour laquelle ils sont importants pour la santé et le bien-être de l'homme, est qu'ils évoquent des souvenirs plus émotionnels et plus évocateurs que les souvenirs déclenchés par tout autre indice" (Herz, 2016). Il vous est probablement arrivé, dans un passé récent, d'avoir un souvenir provoqué par un sens particulier. Par exemple, je me souviens encore de l'odeur des huiles parfumées dans la maison de ma grand-mère et, lorsque je sens une odeur similaire aujourd'hui, je suis immédiatement transporté dans les visites que j'ai faites chez elle dans mon enfance.

Nous avons tous des souvenirs qui nous sont chers et qui ont contribué à façonner notre personnalité. Nous sommes une espèce qui apprend par l'expérience, et chaque souvenir que nous conservons renforce notre capacité à prendre des décisions dans le présent. Par conséquent, notre capacité à puiser dans les pensées profondément ancrées dans notre esprit peut nous donner des indices sur le type de personne que nous sommes, ainsi que sur ce que nous nous efforçons d'être.

Le pouvoir de l'esprit et de la mémoire

L'esprit conscient est dynamique et prolifique. Il fonctionne automatiquement sans qu'une personne ait à se concentrer sur la communication entre les synapses à l'intérieur du cerveau. Si vous vous êtes déjà réveillé dans un endroit que vous ne connaissez pas, comme la maison d'un ami ou une maison de campagne, vous pouvez vous attendre à ce qu'il y ait une différence entre les deux.

Dans une chambre d'hôtel, vous avez vu votre esprit travailler rapidement pour se souvenir de votre situation et donner un sens à votre environnement. Notre esprit conscient s'accroche à des expériences et à des connaissances antérieures et les stocke afin que nous restions familiers dans des situations qui, autrement, pourraient nous mettre mal à l'aise.

Que se passe-t-il donc lorsqu'une lésion cérébrale ou une maladie obscurcit la conscience de notre environnement ou provoque un trou de mémoire ? Dans ce cas, les capacités cognitives et la conscience d'une personne peuvent être affectées au point qu'il est plus difficile de se concentrer et qu'il faut plus de temps pour traiter les informations sensorielles. Une blessure ou une maladie affectant le cerveau peut non seulement avoir un impact sur la mémoire, mais aussi sur la prise de décision, les capacités multitâches et la communication par la parole ou l'écriture (Mayo Clinic, 2021). En outre, des changements physiques et comportementaux peuvent survenir. Dans les cas, par exemple, où une personne subit un traumatisme crânien entraînant une commotion cérébrale, il en résulte des angles morts, des problèmes d'équilibre, des sautes d'humeur et des difficultés à suivre une conversation (Mayo Clinic, 2021). Si l'on considère l'impact des fonctions de base du cerveau sur la productivité quotidienne, la mémoire et le langage, tout impact négatif causé par un traumatisme crânien peut endommager la fonctionnalité du cerveau.

Mémoire de travail et mémoire épisodique

La capacité d'une personne à accorder son attention à une tâche et à se souvenir de la manière de l'accomplir est essentielle pour la façon dont nous accomplissons notre travail, prenons soin de nous-mêmes et interagissons avec les autres au quotidien. La mémoire de travail est un type de mémoire qui retient les informations à court terme afin que nous puissions accomplir efficacement une tâche. Travailler à maintenir le potentiel de notre mémoire, voire à l'améliorer, est devenu une industrie dans notre société, qui valorise fortement les moyens stratégiques d'amélioration de soi et de productivité. Apprendre comment la pleine conscience peut être bénéfique pour le cerveau et la mémoire peut permettre à chacun d'améliorer la façon dont il utilise ses forces mentales tout au long de la journée.

La mémoire épisodique est une forme de mémoire à long terme qui nous permet de nous rappeler des événements spécifiques du passé. Elle guide notre comportement et nous permet de prendre des décisions actuelles et futures. La mémoire épisodique est sujette à des troubles neurologiques et à des troubles liés à l'âge.
(Brown et al., 2016). L'adoption de pratiques protectrices telles que les exercices d'entraînement à la pleine conscience peut améliorer la capacité d'une personne à préserver sa mémoire épisodique et à se souvenir d'événements.

L'entraînement à la pleine conscience se présente sous deux formes principales : l'"attention focalisée" et la "surveillance ouverte" (Brown et al., 2016). La formation à l'attention focalisée, ou formation FA, implique des exercices pratiques qui dirigent l'attention d'une personne et l'aident à percevoir son environnement. Ce type d'entraînement à la pleine conscience s'est avéré efficace pour aider les personnes à effectuer des tâches qui nécessitent une concentration et une attention soutenue. En pratiquant l'entraînement à la pleine conscience, la mémoire de travail devient plus forte et moins susceptible de se détériorer (Brown et al., 2016).

Notation mentale

Les souvenirs du passé pouvant déclencher nos fonctions sensorielles, il n'est pas étonnant que les pratiques de pleine conscience soient directement liées à la capacité d'améliorer la mémoire. Des pratiques telles que le yoga, la méditation et le balayage corporel peuvent contribuer à nous rappeler certains événements, mais aussi nous donner l'occasion d'examiner ces événements avec calme et objectivité.

Une technique populaire à utiliser pendant la méditation est le processus de "notation mentale", dans lequel une personne reconnaît les pensées qu'elle pendant la méditation mais permet à ces idées de traverser l'esprit comme si elles étaient simplement observées par le participant (Kabat-Zinn, 1994). Certaines personnes imaginent leurs pensées flottant dans les nuages ou passant à côté d'elles sur des notes écrites pendant qu'elles notent mentalement.

Pour essayer cette notation mentale, installez-vous confortablement dans un endroit où vous ne serez pas interrompu pendant les cinq prochaines minutes. Fermez les yeux et commencez à inspirer et à expirer lentement par le nez. Au début, concentrez-vous sur le calme de votre corps et de votre esprit afin que votre cerveau ait une chance de s'adapter à cette pratique. Après une minute ou deux, vous vous apercevrez probablement que vous pensez à ce que vous devez faire ensuite, à ce que vous avez fait de votre journée jusqu'à présent, à ce que vous voulez manger pour le dîner, etc.

Cette activité cérébrale intense se produit chez tout le monde, en particulier chez les nouveaux adeptes de la méditation, alors ne vous sentez pas frustré. Au lieu de cela,
placez simplement l'image ou la formulation de votre pensée sur un nuage et imaginez-la flotter devant vous.

L'objectif est de permettre aux pensées de votre esprit occupé d'être vues, mais sans leur donner de pouvoir. Les yeux fermés, vous pouvez visualiser qu'elles existent, mais vous pouvez aussi apprendre à les envoyer flotter devant vous.

Il faut un peu de pratique pour se sentir à l'aise avec cette expérience car, pour beaucoup d'entre nous, nous voulons nous fixer sur une tâche ou l'accomplir lorsque nous y pensons pour la première fois. Ne vous inquiétez pas, la notation mentale devient plus facile avec le temps.

Lorsque vous pratiquez cette technique, pensez également à l'objectif final. La pratique de la notation mentale vous permettra de vous asseoir et de vous détendre, d'observer vos pensées et de ressentir un certain calme à l'égard de chacune d'entre elles, car vous n'aurez pas besoin de vous stresser pour l'accomplir à ce moment précis. Vous apprenez simplement à les observer, à les laisser et à les traiter au moment opportun.

Entraînement cérébral pour la mémoire

À quand remonte la dernière fois où vous êtes entré dans une pièce sans pouvoir vous souvenir de ce que vous étiez venu y faire ? Notre cerveau est comme un muscle, et lorsque nous le faisons travailler, il gagne en force. Si vous commencez à penser à votre cerveau de cette manière, cela peut vous aider à faire des choix plus positifs quant aux activités auxquelles vous lui permettez de participer et à celles dont vous devez vous abstenir.

Bien que la vie nous soumette au stress et qu'il n'y ait que peu de choses que l'on puisse éviter, nous avons un certain contrôle sur ce que nous permettons à notre corps et à notre esprit de rencontrer chaque jour. Par exemple, un sommeil insuffisant nuit après nuit peut avoir un impact sur votre humeur et votre capacité à vous rappeler des souvenirs. Si la plupart des gens n'ont pas l'intention de mal dormir, ils ne se rendent pas service non plus en regardant la télévision pendant qu'ils s'endorment ou en buvant de la caféine trop près de l'heure du coucher.

Tout comme une personne peut s'abonner à une salle de sport pour se sentir en meilleure santé et développer sa force, la pratique d'exercices d'entraînement cérébral peut améliorer la mémoire au fil du temps et aider le cerveau à limiter la surstimulation. À l'instar du développement de la masse musculaire par la répétition, la pratique répétée d'exercices cérébraux permet d'acquérir l'habitude de renforcer la mémoire.

Les techniques de pleine conscience peuvent contribuer à l'entraînement du cerveau en permettant à une personne de se concentrer plus intensément sur son environnement et d'accorder plus d'attention à une tâche. Une étude sur la pleine conscience a révélé que l'entraînement du cerveau à la méditation ou à la participation à des activités de pleine conscience, comme le yoga, avait un impact positif sur la mémoire épisodique et donnait aux individus plus de motivation pour mener à bien des activités au-delà de la méditation et du yoga (Brown et al., 2016). Considérez l'entraînement cérébral comme le crédit supplémentaire qui améliore votre vie. L'intégration de techniques d'entraînement cérébral peut vous aider à conserver un esprit plus vif et à prolonger les capacités de votre cerveau.

Idées pour la mémoire

Pour réussir votre entraînement cérébral, commencez par vous réserver du temps afin de créer l'espace mental et physique dont vous avez besoin. Il est possible d'effectuer des activités d'entraînement cérébral à la fois au travail et à la maison, mais vous devrez commencer par de petites activités pour acquérir de l'endurance. Concentrez-vous d'abord sur de petites pratiques jusqu'à ce que votre esprit prenne l'habitude d'intégrer l'entraînement cérébral dans votre journée.

Comme pour toute activité, si vous y allez trop fort, vous risquez d'abandonner rapidement. Prenez donc quelques instants pour essayer une activité de la liste ci-dessous pour commencer. Vous pouvez essayer de réserver dix minutes avant de vous coucher pour rédiger un journal sur votre journée ou pour calmer votre cerveau avec une méditation guidée. Par la suite, vous pourrez passer à des activités plus exigeantes pour votre cerveau, mais pour l'instant, commencez par quelque chose de facile à réaliser et qui vous donnera rapidement le sentiment d'avoir accompli quelque chose.

Les idées suivantes peuvent vous aider à vous engager sur la voie d'une utilisation plus créative de votre temps et de vos réalisations. Ces idées sont des moyens généraux de prendre soin de votre cerveau. Elles peuvent vous fournir un

Vous pouvez ainsi commencer à adapter votre état d'esprit pour valoriser l'importance de la santé cérébrale.

- Commencez la journée en dressant la liste des trois choses les plus importantes que vous devez accomplir.
- Faites une "pause écran" toutes les heures (marchez pendant plusieurs minutes avant de revenir à l'écran). Essayez de vous étirer et soyez attentif à votre corps avant de vous rasseoir.
- Racontez un souvenir de votre enfance. Pensez à tous les sens en écrivant : que voyez-vous, entendez-vous, sentez-vous et goûtez-vous ? Discutez d'un de vos souvenirs d'enfance avec vos parents ou un autre membre de votre famille pour voir ce dont ils se souviennent et comparer vos histoires.
- Rendez-vous à la bibliothèque. Consultez un nouveau livre qui vous semble intéressant et essayez de lire au moins 30 minutes par jour jusqu'à ce que vous l'ayez terminé.
- Dormez sept à neuf heures par nuit (notre cerveau se développe lorsque la quantité de sommeil est adaptée à notre corps).
- Commencez à écrire vos rêves chaque matin. Remarquez-vous des thèmes ou des messages qui reviennent régulièrement ? En quoi peuvent-ils être liés à votre quotidien ?
- Explorez votre curiosité et apprenez quelque chose de nouveau sur un sujet qui vous intéresse depuis un certain temps. Visitez un musée ou un atelier, assistez à une conférence ou lisez un livre sur le sujet.

- Visualisez votre journée ou un événement important avant qu'il ne se produise. Faites défiler dans votre cerveau chaque détail avant qu'il ne se produise.
- Organisez une soirée jeux avec vos amis et/ou votre famille. Prévoyez des activités amusantes à faire ensemble, comme un jeu de société, des charades ou peut-être un quiz.
- Lisez la biographie d'une personne que vous admirez ou que vous connaissez peu.
- Rédigez un article de journal dans lequel vous décrivez tous les événements dont vous vous souvenez de votre journée.
- Essayez un nouveau passe-temps physique qui vous oblige à apprendre une séquence, comme un cours de danse. Renforcez votre mémoire en participant chaque semaine à un cours et en approfondissant les pas que vous avez appris.
- Mélangez vos habitudes pour développer votre mémoire des lieux que vous fréquentez régulièrement. Vous pouvez emprunter un nouvel itinéraire pour vous rendre au travail, marcher au lieu de conduire ou de prendre les transports en commun, visiter un nouveau café le week-end - toutes ces activités contribuent à solliciter différentes parties de votre cerveau et de votre mémoire.
- Relevez le défi de la langue d'une nouvelle manière. Vous pourriez apprendre une nouvelle langue, apprendre la langue des signes de base dans le cadre d'un cours ou vous documenter sur de nouveaux mots et un nouveau vocabulaire à utiliser dans votre vie quotidienne.
- Rédigez un article de journal sur une conversation que vous avez eue au cours de la journée. Quels sont les détails dont vous vous souvenez ?
- Enseignez à quelqu'un une compétence ou un sujet que vous connaissez. Enseigner aux autres est un excellent moyen de consolider nos connaissances et notre mémoire sur les sujets qui nous intéressent.
- Passez du temps avec les personnes que vous aimez pour créer des souvenirs inoubliables !

NB : *Les idées d'autosoins ci-dessus aident à préparer votre cerveau et votre corps à des pratiques régulières de méditation de pleine conscience. Vous trouverez en annexe des audioguides gratuits sur les méditations de pleine conscience. Utilisez ces audioguides en même temps que les pratiques d'autosoins ci-dessus, alors que vous vous lancez dans votre "année de la pleine conscience".*

Principaux enseignements

À ce stade, vous avez probablement réfléchi à la manière dont les idées de pleine conscience présentées dans ces chapitres peuvent être intégrées à votre vie. Certaines sont plus faciles à mettre en œuvre que d'autres. Choisissez donc ceux qui, selon vous, apporteront une valeur ajoutée à votre pratique de la pleine conscience.

- Les capacités cognitives et la conscience sont affectées lorsque le cerveau subit des lésions, ce qui a un impact sur la conscience, la mémoire et la communication.

- L'entraînement du cerveau à l'aide d'exercices de pleine conscience peut améliorer la mémoire et les fonctions de rappel du cerveau.

- La communication au sein du cerveau devient plus difficile en cas d'inconscience.

- Des activités telles que la notation mentale peuvent conduire à une observation des pensées sans jugement.

- La conscience de soi et la mémoire s'améliorent grâce à des techniques de pleine conscience qui permettent aux individus de se concentrer sur leur situation actuelle.

En plus de favoriser la mémoire, les activités de pleine conscience sont bénéfiques pour le fonctionnement cognitif du cerveau. Dans le prochain chapitre, nous examinerons de plus près les façons dont Intelligence émotionnelle peut s'améliorer grâce à des choix et des pratiques de vie axés sur la pleine conscience.

Chapitre 4 :

Améliorer le fonctionnement cognitif grâce à des techniques de pleine conscience

Vous l'avez déjà entendu, mais l'idée de "ne jamais cesser d'apprendre" est vraiment importante lorsqu'il s'agit d'améliorer les fonctions du cerveau. Vous avez déjà appris l'importance de l'entraînement cérébral pour la mémoire, mais il est maintenant temps d'examiner de plus près comment les techniques de pleine conscience nourrissent les autres fonctions importantes du cerveau. Non seulement ces techniques renforcent le cerveau par le biais d'activités cognitives, mais elles permettent également de calmer les émotions et de centrer les pensées sur le présent.

Imaginez que vous vous réveilliez le matin et que vous pensez à vos différentes listes de choses à faire. Vous effectuez rapidement votre routine matinale habituelle, en vous brossant les dents, en prenant votre douche, en vous habillant et en prenant votre petit-déjeuner, tandis que les rappels inquiétants de ce que vous devez accomplir planent au-dessus de vous, rendant chaque tâche moins agréable.

Maintenant, imaginez-vous capable de vous réveiller et d'accomplir les mêmes tâches matinales, mais en vous sentant calme et serein lorsque vous vous concentrez sur chaque tâche et que vous restez dans le moment présent pendant que vous l'accomplissez.

Si cela vous semble impossible ou peu pratique, réfléchissez un instant à la raison pour laquelle votre cerveau s'obstine à essayer d'effectuer plusieurs tâches à la fois chaque jour. Pour beaucoup d'entre nous, nos pensées ont tendance à s'emballer lorsque notre corps est en pilote automatique, effectuant les activités répétitives auxquelles nous l'avons entraîné au fil des ans. Dans une certaine mesure, notre esprit s'est "lassé" des tâches physiques que nous avons effectuées maintes et maintes fois et cherche des moyens d'utiliser notre temps plus efficacement. Malgré ce que nous nous disons, le multitâche a tendance à mal tourner pour beaucoup d'entre nous.

Si vous vous sentez concerné, sachez que la pratique de la pleine conscience peut vous aider à évoluer et à vous adapter au changement. En intégrant des pratiques de pleine conscience dans votre journée et en entraînant votre cerveau à se concentrer sur le moment présent, vous pouvez créer une habitude qui vous aidera à vous concentrer tout au long de la journée. Par exemple, la méditation est un moyen de centrer l'esprit et d'observer les pensées qui entrent et sortent de notre cerveau, mais la plupart d'entre nous n'essaieraient pas de faire du vélo d'appartement, de regarder un film et de préparer un sandwich tout en essayant de méditer, n'est-ce pas ?

S'installer dans une pratique de méditation exige de mettre de côté les autres tâches de la journée et de s'installer dans le calme pendant un temps déterminé. C'est souvent ce qui décourage certaines personnes de pratiquer la méditation. Nous sommes tellement occupés à accomplir des activités tout au long de la journée que nous pouvons penser que c'est une perte de temps de faire une pause pour méditer. C'est souvent cet état d'esprit qui empêche les gens de profiter des avantages de cette pratique.

Au lieu de considérer la pratique de la pleine conscience comme une interruption, pensez-y comme un moyen d'intégrer la pleine conscience dans n'importe quelle tâche quotidienne. En se brossant les dents, en prenant un repas ou en faisant la vaisselle, nous pouvons rester attentifs et conscients de nos pensées et éprouver de la gratitude à l'idée de pouvoir participer à de telles activités.

Stimuler le cerveau

Pour profiter des bienfaits d'une pratique de la pleine conscience, il faut d'abord comprendre dans quoi on s'engage exactement. La pleine conscience est une pratique ancrée dans de nombreuses visions du monde et religions, de l'hindouisme au bouddhisme en passant par le christianisme.

Cette pratique est devenue plus largement connue dans le monde occidental lorsque l'auteur, professeur et créateur de la "Clinique de réduction du stress", Jon Kabat-Zinn, a commencé à enseigner à d'autres la valeur de la pleine conscience en conjonction avec la réduction du stress (Kabat-Zinn, 2013). Il s'agissait d'une approche révolutionnaire lorsqu'il a présenté pour la première fois cette philosophie comme traitement de la douleur chronique. D'un point de vue personnel, le visionnage d'un documentaire sur les travaux de Jon Kabat-Zinn m'a incité à intégrer la recherche sur la pleine conscience dans le contexte neurologique.

Cette philosophie met l'accent sur la pleine conscience en tant qu'approche sans jugement de nos pensées, afin d'entraîner l'esprit à reconnaître les expériences internes et externes. Cela nous donne une chance de réaliser nos idées sans les émotions ou la pression que nous avons tendance à leur imposer.

Considérez votre cerveau comme une source d'énergie. Lorsque nous le stimulons avec des informations nouvelles et variées, il s'anime et gagne en vitalité. De même, lorsque nous l'entraînons par la répétition d'activités de pleine conscience qui lui sont agréables, il apprend à s'appuyer sur cette source d'alimentation.

Yoga holistique

L'intégration d'une pratique holistique du yoga ayant pour effet de revigorer le corps et l'esprit, cette activité peut être le moyen idéal d'entamer votre voyage vers la pleine conscience. Dans des études sur le bien-être et la résilience au sein de diverses populations, les chercheurs ont constaté que "même un seul cours de yoga avait un effet statistiquement significatif sur l'amélioration de l'humeur chez 113 patients psychiatriques hospitalisés. Les patients étaient significativement moins tendus/anxieux, moins déprimés/déjectés, moins en colère/hostiles, moins confus/perplexes et moins fatigués après avoir participé à un cours de yoga" (Hartfiel et al., 2011).

Le yoga holistique vise à prendre soin de l'être humain dans son ensemble, et cette pratique encourage une personne à participer à des mouvements qui conviennent à son corps et à son esprit. L'objectif est d'acquérir une meilleure connaissance de soi et de ralentir nos pensées afin d'exister dans un état de conscience présent. Par conséquent, la pratique consistant à accepter ce dont le corps est capable et à adapter les mouvements à cette capacité est encouragée. Le yoga holistique se concentre également sur la prise de conscience de la respiration qui favorise une conscience calme et met l'accent sur l'harmonie du corps dans son ensemble grâce à des choix de mode de vie sains.

Méditation en pleine conscience

En engageant plus pleinement les sens et l'attention de l'esprit, un individu peut acquérir une ouverture et une conscience mentales qui se traduisent par de nombreux avantages.
les activités de la vie. La pratique de la méditation, qui se concentre sur l'observation attentive des pensées et des sentiments, peut grandement influencer la manière dont nous pouvons soulager le stress et renforcer nos capacités mentales. "Des études utilisant les données d'auto-évaluation d'individus en bonne santé ont montré que la méditation de pleine conscience diminuait les états d'humeur négatifs, améliorait les états d'humeur positifs et réduisait les pensées et comportements distractifs et ruminatifs" (Hölzel, Lazar, et al., 2011).

Il existe une grande variété de techniques de méditation de pleine conscience. Au début de votre voyage dans la pleine conscience, il peut être utile de choisir une pratique qui soit à la fois réconfortante et engageante. De cette façon, vous serez plus enclin à poursuivre une pratique à long terme afin de tirer encore plus de bénéfices de l'intégration de la pleine conscience. Bien que la méditation de pleine conscience demande un certain effort, son avantage est qu'il s'agit d'un moyen simple et gratuit de ressentir un sentiment de soulagement lorsque vous remarquez vos pensées sans laisser votre esprit s'y absorber.

Si vous souhaitez vous entraîner à méditer en pleine conscience, c'est le moment ou jamais d'essayer. Vous trouverez en annexe des audioguides gratuits pour vous y aider. Pour vous donner un avant-goût du contenu bonus disponible, essayons maintenant une pratique rapide.

Asseyez-vous dans un endroit calme où vous ne serez pas interrompu pendant les prochaines minutes. Réglez un minuteur si nécessaire, mais essayez de ne pas regarder les secondes s'écouler pendant que vous méditez. Le minuteur est simplement là pour vous ramener au moment présent lorsque vous avez fini de méditer. Maintenant, fermez les yeux et respirez. Remarquez ce que vous ressentez dans votre corps et votre esprit. Concentrez-vous sur votre respiration. Après plusieurs minutes, vous remarquerez peut-être que votre esprit a vagabondé vers d'autres pensées. C'est tout à fait normal et attendu. Lorsque cela se produit, ramenez doucement vos pensées à votre respiration. Au fur et à mesure que des idées vous viennent à l'esprit, vous pouvez les placer dans une boîte imaginaire ou sur un nuage et les visualiser en train de passer devant vous. Observez simplement, sans vous laisser happer par les pensées ni vous sentir stressé par elles, et regardez-les s'éloigner.

Après avoir médité pendant un certain temps, il est important de vous guider doucement vers l'activité suivante. Accordez-vous quelques minutes pour absorber les effets de la pratique que vous venez d'effectuer, puis passez en toute conscience à la tâche suivante.

Techniques de méditation supplémentaires

D'autres pratiques méditatives constituent un sous-ensemble de la méditation attentive et mettent l'accent sur la conscience du corps et de l'esprit, la compassion et l'attention concentrée. Ces pratiques se sont avérées thérapeutiques en aidant les patients et les participants à soulager la douleur et les pensées anxieuses.

Conscience du corps et de l'esprit

Le fait d'être conscient de la manière dont son corps se sent et réagit à son environnement permet de ralentir et de prendre note de la manière dont le cerveau et le corps travaillent à l'unisson.

Dans une étude sur les effets des pratiques de méditation corps-esprit, 32 survivantes du cancer du sein se sont concentrées sur la relaxation de certaines parties de leur corps pendant la méditation afin de reconnaître les zones où elles se sentaient tendues ou inconfortables (Valluri et al., 2024). Ce faisant, les participantes ont pu comprendre que leur tension était liée à des souvenirs du traumatisme qu'elles avaient subi du fait de leur maladie. Ils ont pu utiliser cette connaissance pour apporter des pensées plus positives aux zones de leur corps qui avaient besoin d'attention et de relaxation.

Compassion

Les pratiques méditatives étant liées au bouddhisme, les idées d'amour de soi et de bonté ont toujours fait partie de la pratique. Le fait d'avoir suffisamment de compassion pour soi-même pour observer une pensée sans jugement permet à l'individu de créer un lien positif entre l'esprit et le corps. Nous pouvons prendre conscience de nos forces et de nos faiblesses et les utiliser pour mieux comprendre les choix que nous faisons et les résultats qu'ils produisent.

Dans une étude sur les pratiques d'amour bienveillant, des vétérans ayant vécu des expériences traumatisantes et ayant des antécédents de colère se sont livrés à une méditation axée sur la compassion (Valluri et al., 2024). Ils se sont concentrés sur des pratiques de respiration profonde ainsi que sur l'auto-compassion et ont constaté que les pensées stressantes diminuaient grâce à cette technique.

Attention ciblée

Il existe plusieurs façons de pratiquer l'attention concentrée.

S'il vous est déjà arrivé de vous donner des conseils avant un événement stressant ou de vous répéter une affirmation positive, vous avez pratiqué quelque chose de similaire à la méditation de l'attention focalisée. En se concentrant sur un aspect positif d'une situation, l'idée est qu'une personne peut diminuer ses pensées anxieuses ou sa douleur physique.

Grâce à la méditation transcendantale (MT), les participants ont pu réduire efficacement leur tension en se concentrant sur un mot ou une phrase, comme la répétition d'un mantra (Valluri et al., 2024). Cela leur permet de se concentrer de manière positive et de réduire les pensées stressantes.

La thérapie cognitive basée sur la pleine conscience (MBCT) offre également une approche pratique de la gestion de l'attention. En combinant des éléments de la méditation de pleine conscience avec les principes de la thérapie cognitive, la MBCT aide les individus à cultiver la conscience du moment présent. Par le biais d'exercices doux, la MBCT nous encourage à observer nos pensées et nos sentiments sans jugement, ce qui nous permet de nous désengager des réactions automatiques et de choisir où diriger notre attention.

La pratique de l'attention focalisée peut même consister à s'asseoir en silence, par exemple pendant 10 minutes, et à suivre sa respiration.

Au fil du temps, ces pratiques renforcent notre capacité à nous concentrer, ce qui améliore notre concentration et notre clarté dans la vie quotidienne. Que ce soit au travail, dans les relations ou dans les moments de solitude, la pleine conscience nous dote d'outils précieux pour relever les défis de la vie moderne avec plus d'aisance et de présence.

Intelligence émotionnelle

Connaissez-vous quelqu'un qui semble avoir un QI élevé mais qui a du mal à réguler son état émotionnel ou qui a des difficultés d'adaptation ? Nous voici arrivés à un sujet qui, pour beaucoup, est difficile à aborder.

Il est encore plus difficile d'obtenir le désir de changer, car les qualités de l'intelligence émotionnelle ont tendance à être plus vagues que d'autres formes d'intelligence plus mesurables.

L'intelligence émotionnelle fait appel à une conscience interne qui nous permet de contrôler nos émotions et d'orienter positivement nos pensées afin de nous sentir satisfaits et moins stressés (Jiménez-Picón et al., 2021). Ce type d'intelligence nous donne la capacité de communiquer de manière productive et proactive. Elle nous permet également de gérer efficacement les facteurs de stress ou les conflits de manière pratique.

Considérez l'intelligence émotionnelle comme une voix intérieure utile et confiante qui nous conduit à une meilleure connaissance de nous-mêmes et de nos relations avec les autres. Ses quatre attributs - gestion de soi, conscience de soi, conscience sociale et gestion des relations - jouent un rôle essentiel dans notre capacité à faire preuve d'empathie, de lucidité et d'adaptabilité (Segal et al., 2023). Grâce à la méditation attentive, les individus peuvent prendre conscience des aspects qui améliorent les caractéristiques de l'intelligence émotionnelle et y prêter attention. L'intégration d'une pratique de méditation attentive peut aider ceux qui luttent pour se connecter aux qualités de l'intelligence émotionnelle, en leur donnant un moyen de réduire leur stress et de gagner en positivité.

Idées de pleine conscience pour la vigilance et l'intelligence émotionnelle

La pratique de la pleine conscience repose sur l'idée qu'un individu peut cultiver la conscience de soi pour l'aider dans ses relations avec les autres. Il est important de réfléchir à des moyens de communiquer efficacement avec les autres et de comprendre qu'il est possible de s'améliorer.

Les idées suivantes peuvent vous aider à vous concentrer tout en vous rappelant que vous pouvez apprendre à gérer vos sentiments et vos émotions chaque jour. Certaines de ces suggestions sont des pensées à méditer ou à écrire, tandis que d'autres sont des techniques à mettre en pratique.

N'oubliez pas de vous approprier ces activités en les adaptant à votre mode de vie.

- Réfléchissez à l'impact de vos émotions ou de vos sentiments sur votre journée. En remarquez-vous qui sont trop fortes, pas assez fortes ou juste assez fortes ?

- Pensez à un conflit récent que vous avez eu avec une autre personne. Sans vous mettre en colère ou vous laisser emporter par vos émotions, comment préviendriez-vous ou résoudriez-vous ce conflit si vous deviez le revivre ?

- Faites appel à votre capacité d'empathie. Faites-vous raconter un scénario en adoptant le point de vue d'une autre personne.

- Pratiquez l'écoute active. Lorsque vous parlez avec une autre personne, participez pleinement à la conversation, paraphrasez ce qu'elle dit et utilisez des indices non verbaux.

- Célébrez une réalisation positive (même une petite !) à la fin de chaque journée.

- Lorsque vous vous sentez stressé, pratiquez la respiration profonde. Inspirez lentement par le nez pendant 30 secondes, puis relâchez doucement le souffle par la bouche. Essayez de prendre trois respirations profondes avant de prendre une décision rapide.

- Réfléchissez aux personnes ou aux idées susceptibles de vous déclencher au cours de la journée et réfléchissez à des moyens proactifs de les aborder. Il peut s'agir de repenser certaines limites ou d'avoir des conversations honnêtes sur la question de savoir si certaines personnes apportent une valeur ajoutée à votre vie. N'oubliez pas de respirer profondément pendant que vous y réfléchissez.

- Ayez confiance en vous et en votre intuition. Sachez que vos idées comptent et ont de la valeur.

- Commencez à faire confiance aux autres et à voir ce qu'il y a de mieux en eux (cela les aidera à vous faire davantage confiance en retour). Un petit moyen d'y parvenir est de demander de l'aide lorsque vous en avez besoin et de faire confiance à la personne à laquelle vous vous adressez pour qu'elle vous soutienne de manière proactive.

- Réalisez que vos réactions aux conversations et aux situations sont un choix (vous les contrôlez).

- Fixez-vous des objectifs personnels et réalisables.

- Si vous en avez les moyens et la capacité, planifiez un voyage pour découvrir un nouveau lieu ou une nouvelle culture. N'oubliez pas qu'il n'est pas nécessaire d'aller loin pour y parvenir. Vous pouvez même essayer de visiter un endroit nouveau ou familier de votre ville et faire semblant d'être un touriste - que pourriez-vous voir ou découvrir de ce point de vue ?

- Pensez aux activités sociales, aux passe-temps ou aux sports que vous aimiez et pour lesquels vous n'avez pas pris le temps récemment. Tendez la main et recommencez.

- Posez des questions. Non seulement vous montrerez aux autres que leurs idées et leurs conseils vous intéressent, mais vous apprendrez aussi des réponses et ferez des découvertes à leur sujet.

- Acceptez l'inconnu et essayez de ne pas vous laisser submerger par les choses auxquelles vous ne pouvez pas apporter de réponses définitives.

- Réfléchissez à la proportion de ce que vous dites ou pensez qui est en fait une plainte. Tenez un journal pour en prendre note. Comment pourriez-vous reformuler ces pensées de manière positive ? Pouvez-vous modifier

- la plainte ? Si ce n'est pas le cas, comment pourriez-vous

- vous en débarrasser définitivement ?

- Restez présent (la méditation y contribue). Évitez de trop ruminer les expériences passées si elles ne vous servent plus.

- Essayez de faire quelque chose de gentil pour quelqu'un (apporter un repas chez lui, donner des vêtements à une association caritative, balayer l'allée de quelqu'un, etc.)

- Écoutez les conversations qui se déroulent autour de vous (sans écouter aux portes). Prêtez attention à la façon dont les autres interagissent et s'écoutent les uns les autres.

- Motivez-vous (écoutez de la musique qui vous stimule, demandez à une personne positive de vous encourager, soyez une personne avec laquelle vous aimeriez être ami, etc.)

- Entraînez-vous à ignorer votre téléphone (mettez-le dans un tiroir pendant que vous travaillez ou que vous faites de l'exercice, si nécessaire).

- Asseyez-vous et buvez une tisane tout en faisant le vide dans votre esprit et en rechargeant votre énergie pour la journée. Essayez ma méditation audio gratuite "Une tasse de thé en pleine conscience" (voir annexe).

- Respectez un horaire. Lorsqu'il est temps de quitter le travail, ayez quelque chose à attendre après.

- Tenez-vous responsable. Vérifiez vos émotions tout au long de la journée et remarquez ce que vous ressentez.

- Commencez (ou terminez !) un projet d'artisanat.

- Saisissez les expériences avec un esprit ouvert, en pensant que vous pouvez apprendre et grandir grâce à ce processus.

NB : Les idées d'autosoins ci-dessus aident à préparer votre cerveau et votre corps à des pratiques régulières de méditation de pleine conscience. Vous trouverez en annexe des audioguides gratuits sur les méditations de pleine conscience. Utilisez ces audioguides en même temps que les pratiques d'autosoins ci-dessus, alors que vous vous lancez dans votre "année de la pleine conscience".

Principaux enseignements

Chaque fois que vous parvenez à prendre conscience de vos sentiments, de votre corps ou de votre esprit, vous faites un pas de plus vers une relation plus forte avec vous-même et vers l'appréciation de votre énergie et de votre positivité. Les personnes qui vous entourent en bénéficieront naturellement, car votre gratitude se transmettra également à elles.

- Incorporez des pratiques de pleine conscience dans votre routine quotidienne et commencez à entraîner votre esprit à se concentrer sur le moment présent. Cela peut aider à développer une habitude qui améliore la concentration générale.

- Les pratiques de pleine conscience devraient permettre d'éliminer le jugement des pensées afin que l'esprit puisse reconnaître les expériences internes et externes.Des activités telles que le yoga holistique et la méditation en pleine conscience permettent d'expérimenter cette idée.

- La conscience du corps et de l'esprit, la compassion et l'attention concentrée aident à soulager la douleur et les pensées stressantes.

- Une personne peut améliorer ses traits d'intelligence émotionnelle en pratiquant la méditation attentive et en prenant conscience de ses émotions.

Pour comprendre comment nous pouvons commencer à incorporer des techniques qui nous aideront à rester plus attentifs avant, pendant et après des activités telles que le yoga et la méditation, il est important de rester clair sur la raison pour laquelle nous ajoutons cela à notre vie. La pleine conscience nous permet de mieux contrôler notre monde émotionnel et physique en nous donnant une nouvelle perspective.

Pour rappeler les bienfaits de cette pratique, nous allons maintenant examiner l'impact que les circonstances stressantes peuvent avoir sur notre bien-être afin de mieux comprendre l'importance de consacrer du temps à des activités de pleine conscience.

Chapitre 5 :

Comprendre le stress - Une approche consciente

Vous vous réveillez un lundi matin pluvieux, encore groggy d'avoir veillé trop tard la veille parce que vous vouliez terminer le film que vous regardiez. Qu'est-ce que c'était déjà ? Vous avez même du mal à vous en souvenir. Vous vous retournez dans votre lit et clignez plusieurs fois des yeux pour jeter un coup d'œil à l'horloge. Vous voyez les chiffres 7:00 alors que vos yeux commencent à se sentir lourds et à se refermer. Attendez ! 7 heures du matin !

Vous sautez du lit, paniqué, et regardez autour de vous. Vous voyez votre valise préparée et vos vêtements étalés, mais même si vous partez maintenant, vous n'arriverez jamais à temps pour prendre votre vol de 8 heures pour votre conférence professionnelle. Vous faites le tour de la pièce à toute vitesse, en vous demandant pourquoi vous vous êtes couché si tard, pourquoi vous avez oublié de régler votre réveil plus tôt et, en général, pourquoi vous n'arrivez pas à faire quoi que ce soit de bien.

Alors que vous enfilez vos vêtements, prenez vos bagages et effectuez la séance de brossage de dents la plus rapide du monde, vos épaules et votre cou se crispent. Une fois que vous avez franchi la porte et pris place dans votre voiture, vous ressentez une lueur d'espoir en pensant pouvoir arriver jusqu'à la barrière et crier au personnel de garder les portes ouvertes juste une minute de plus. Vous regardez l'horloge dans la voiture. 7 h 20. Comment allez-vous passer la sécurité et courir assez vite pour arriver à l'heure ? Vous remarquez alors que les voitures devant vous ralentissent. Ah ! Les embouteillages ! Non, ce n'est pas possible !

Après avoir attendu derrière une file de voitures pendant ce qui vous semble être une éternité, votre esprit commence à s'emballer avec des "et si". Et si *j'oubliais de fermer la porte d'entrée* ? *Et si je ne pouvais rien manger avant d'arriver à l'hôtel et que je mourais de faim dans l'avion* ? *Et si ma présentation à la conférence se passait mal* ? *Oh ! non ! Ma présentation !* Vous jetez un coup d'œil sur la banquette arrière de votre voiture où votre valise repose confortablement, mais pas votre ordinateur portable.

Vous ne pouvez pas le croire, mais vous avez laissé votre ordinateur portable sur la table de la cuisine hier soir avant de commencer à regarder le film et vous avez oublié de le ranger. Vous êtes viré, c'est sûr ! Vous devez décider si vous faites demi-tour ou si vous vous rendez à l'aéroport en espérant qu'un collègue ait une copie de votre présentation et un ordinateur portable à votre disposition. Que faire ?

L'impact du stress

Le stress ne quitte pas notre corps et notre esprit dès que nous avons résolu une situation. Au contraire, nous l'emportons avec nous tout au long de nos journées, de nos mois et parfois même de nos années. Lorsque nous sommes confrontés à une situation désagréable, inquiétante, effrayante ou même cauchemardesque, il nous semble presque impossible de voir la lumière de l'autre côté. En outre, le stress nous marque d'une manière dont nous ne nous rendons peut-être même pas compte.

L'agitation, l'anxiété et l'inquiétude ne sont pas des concepts nouveaux et uniques. Nous en faisons tous l'expérience la plupart du temps, et même les adeptes de longue date de la méditation et du yoga éprouvent ces sentiments. La différence réside dans notre capacité à gérer ces facteurs de stress. Au fil du temps, nos sentiments intenses créent un obstacle à nos capacités et à nos réalisations. Lorsque nous rencontrons des difficultés, nos instincts de lutte ou de fuite réagissent et nous voulons soit nous mettre dans un état de défense agitée, soit nous retirer et réprimer nos sentiments négatifs. L'une ou l'autre de ces solutions ne fait qu'accroître le stress, car aucune ne permet de reconnaître correctement nos sentiments et de calmer notre état émotionnel.

Lorsque nous portons sur nous des tensions ou des sentiments non résolus, notre corps et notre esprit sont voués à déverser ces émotions tôt ou tard. Tensions musculaires, troubles du sommeil, problèmes gastro-intestinaux, maux de tête, tristesse ou manque général de motivation dans la vie ne sont que quelques-uns des résultats problématiques du stress chronique (American Psychological Association, 2018). À terme, ces effets se répercutent sur notre comportement et nos relations avec les autres. Par exemple, une personne qui a recours à la cigarette et à l'alcool pour se protéger de l'anxiété et de l'anxiété peut se retrouver en situation de stress chronique boire de l'alcool pour essayer de se détendre répond à un sentiment négatif en ajoutant des comportements nocifs à son mode de vie.

Comprendre que vos comportements peuvent être une réponse à vos émotions est un pas dans la bonne direction pour changer vos habitudes. Les suggestions présentées à la fin de ce chapitre vous permettront desoulager votre stress, mais pour remonter à la source d'un problème, vous devrez peut-être prendre davantage de temps pour réfléchir à vos sentiments personnels afin qu'ils cessent de déclencher des comportements négatifs.

Expériences de vie

Comme nous connaissons maintenant le rôle que joue le stress dans nos expériences quotidiennes, nous pouvons également comprendre l'effet boule de neige de ces facteurs de stress. Dans une étude intéressante réalisée en 2013, des participants ont été placés dans une situation légèrement stressante où leurs mains étaient immergées dans de l'eau glacée, puis des images de serpents ou d'araignées leur ont été montrées (Raio et al., 2013). Le stress sur les fonctions cognitives des participants a été renforcé par l'exposition à un facteur de stress supplémentaire, ce qui a rendu difficile la relaxation après le premier facteur. En gardant cette idée à l'esprit, il est facile de comprendre comment le stress s'accumule dans notre esprit, détournant notre attention d'autres activités, conversations ou projets, et s'accumulant dans notre psychisme au fil du temps.

Les expériences négatives liées à des traumatismes passés se répercutent dans notre présent si nous ne disposons pas de techniques pour en tirer des enseignements. Il est important de rechercher un traitement professionnel si vous avez vécu une situation traumatisante et que cela vous empêche de réussir. Si vous pensez que le stress a un impact sur votre capacité à travailler, à faire de l'exercice ou à vous détendre, parler à un médecin est une première étape importante pour recevoir de l'aide et un traitement.

Idées de gestion du stress par la pleine conscience

Que vous soyez confronté à un stress émotionnel ou physique, il est essentiel de connaître les méthodes que vous pouvez utiliser pour calmer l'esprit et le corps afin d'éviter qu'ils ne s'effondrent.

vous empêchent constamment de vivre. Les techniques pour faire face au stress et à l'anxiété varient, mais le fait de prendre soin de soi tout au long de la journée vous permettra de commencer à former une habitude qui vous sera bénéfique à mesure que vous continuerez à mieux comprendre le lien entre votre cerveau et votre corps. Choisissez parmi les idées suivantes lorsque vous avez besoin de relâcher la tension ou de soutenir votre pratique de l'autosoin.

- Écoutez de la musique ou des podcasts qui vous calment et vous rendent heureux.
- Rendez votre univers visuel attrayant. Accrochez des photos ou des peintures que vous aimez dans votre maison ou votre bureau.
- Prenez une douche ou un bain chaud.
- Utilisez des huiles essentielles pour calmer votre système.
- Essayez un livre de coloriage.
- Lancez un projet artistique. Peignez, sculptez ou construisez une œuvre artistique.
- Réorganisez une pièce ou un endroit de la maison (placard, salle de bain, table de chevet). Soyez fier de vos petites réalisations.
- Respirez consciemment : essayez la respiration en boîte, ou une respiration axée sur l'expiration, par exemple en inspirant pendant quatre fois et en expirant pendant six fois.

- Faites des pauses tout au long de la journée pour marcher jusqu'à ce que vous vous sentiez calme.
- Discutez avec un ami qui vous inspire.
- Participez à un événement communautaire à but caritatif (faites quelque chose de gentil pour les autres).
- Rire (regarder quelque chose de drôle ou rire avec un ami).
- Pratiquez le yoga ou le tai chi.
- Séparez votre travail de votre espace personnel et de votre vie privée (même à la maison, réservez un espace à votre travail).
- Discutez de vos sentiments stressants avec un professionnel qualifié.
- Détendez consciemment votre mâchoire tout au long de la journée.
- Fixez des limites à votre temps et respectez-les (même si c'est difficile).
- Laissez votre corps se reposer lorsque vous êtes malade. Ne vous surmenez pas.
- Repensez votre journée. Avant toute activité potentiellement stressante, dites-vous : "Et si tout se passait bien ?". Imaginez la meilleure journée que vous êtes sur le point de vivre.
- Restez hydraté tout au long de la journée.
- Achetez une plante pour votre bureau ou votre maison (ou les deux !).
- Asseyez-vous confortablement tout au long de votre journée de travail. Une bonne posture peut améliorer l'humeur.
- Apprenez à vous pardonner et à tourner la page sur vos erreurs. Elles se produisent.
- Pratiquez quotidiennement l'acceptation et la gentillesse
- Évitez les comportements compulsifs ou les vices qui ne sont pas bénéfiques.
- Prenez du temps pour vous chaque jour (même si ce n'est que 10 minutes).
- Sortez les jours ensoleillés.
- Étirez vos muscles.
- Mangez un fruit que vous aimez.
- Faites une promenade dans le parc. Observez les sons qui vous entourent (gazouillis d'oiseaux, souffle du vent dans les arbres, aboiements de chiens, conversations de

personnes, etc.)

NB : *Les idées d'autosoins ci-dessus aident à préparer votre cerveau et votre corps à des pratiques régulières de méditation de pleine conscience. Vous trouverez en annexe des audioguides gratuits sur les méditations de pleine conscience. Utilisez ces audioguides en même temps que les pratiques d'autosoins ci-dessus, alors que vous vous lancez dans votre "année de la pleine conscience".*

Principaux enseignements

Naturellement, personne ne souhaite vivre dans l'anxiété, mais la vie moderne, l'accroissement des responsabilités et les traumatismes antérieurs peuvent engendrer du stress. L'utilisation de techniques de pleine conscience pour marquer un temps d'arrêt dans notre journée, cultiver quelque chose d'agréable pour nous-mêmes et redonner de l'énergie à notre esprit peut contribuer à atténuer le stress que nous connaissons tous.

- Le stress peut rester dans le corps et l'esprit pendant des jours, des mois, voire des années après l'expérience.

- Reconnaître que vos sentiments peuvent avoir un impact sur vos actions vous permet de faire le premier pas pour changer vos habitudes.

- Les traumatismes du passé peuvent avoir un impact sur le présent lorsque nous ne disposons pas de moyens réfléchis pour traiter nos sentiments.

- Parler avec un médecin du stress qui affecte votre capacité à travailler, à faire de l'exercice ou à vous détendre est une étape positive dans la recherche de conseils et de traitements.

- Le fait de prévoir des pauses de méditation au cours de la journée peut vous aider à mettre en place une routine de soins personnels, ce qui vous permettra de mieux comprendre le lien entre le corps et l'esprit.

Dans la prochaine section, nous aborderons l'une des idées les plus difficiles associées à la pleine conscience. Lorsque nous apprenons à nous détacher du stress inutile et à créer des limites, nous pouvons trouver une plus grande connexion avec nous-mêmes et avec ceux qui nous soutiennent et nous aiment.

Chapitre 6 :

Comment lâcher prise avec des méditations quotidiennes

Vous êtes-vous déjà retrouvé en train de vaquer à vos occupations lorsque, tout à coup, une nouvelle pensée envahissante vous envahit ? *Dépêchez-vous ! Courez ! Cachez-vous !* vous dites-vous. Mais il est difficile d'échapper aux pensées importunes, surtout sans l'aide d'une pratique apaisante.

Nous sommes nombreux à avoir des pensées négatives ou autocritiques. De plus, il se peut que certaines personnes dans notre vie ajoutent à notre stress et à nos pensées parasites, rendant même les tâches les plus simples difficiles. Dans ce chapitre, nous verrons comment modifier notre façon de penser aux idées qui nous causent du tort, afin d'apprendre à fixer des limites avec les autres et à devenir plus productifs dans nos expériences quotidiennes, en atténuant les pratiques anxieuses et les résultats stressants.

Avant de plonger dans cette section, revenons un instant en arrière pour comprendre pourquoi certaines pensées semblent s'emparer de nous. Dans l'ensemble, les êtres humains sont intrinsèquement bons. Nous voulons aider les autres, faire preuve d'empathie, faire des efforts et réussir dans la vie. Bien sûr, il y a des exceptions, mais je suppose que les personnes que vous connaissez personnellement vivent chaque jour avec l'intention de faire ce qu'elles pensent être juste. Cependant, cela devient un défi lorsqu'un état d'esprit perfectionniste, une réflexion excessive ou un stress inattendu affectent notre capacité à penser clairement.

Imaginez qu'un ami vous envoie un message pour vous annoncer qu'il vient d'être embauché pour un nouveau travail. En fonction de votre situation professionnelle ou personnelle, vous pouvez vous réjouir pour lui, mais si vous êtes aux prises avec un travail qui ne vous épanouit pas ou qui vous stresse, votre réaction à la nouvelle de votre ami peut être teintée de frustration, de jalousie ou de colère. La plupart d'entre nous n'ont pas envie de se sentir comme ça et beaucoup d'entre nous ne se sentent pas à l'aise.

Nous cacherons toute négativité, mais il est humain d'éprouver un mélange d'émotions. Dans certains cas, une réaction initiale peut s'envenimer et conduire à des sentiments de honte, de doute ou d'insignifiance.

Alors, que pouvons-nous faire personnellement pour mieux contrôler nos sentiments et les réactions que nous avons face aux idées et aux événements qui surviennent quotidiennement ? Le concept de "lâcher prise" n'est peut-être pas facile à mettre en pratique, mais en comprenant ce que signifie un détachement sain et en apprenant à fixer des limites, vous serez sur la bonne voie pour créer un état d'esprit bénéfique pour vous-même.

Détachement sain

Si vous avez remarqué jusqu'à présent que le concept de la pleine conscience est lié à une sorte de "méta-conscience" de vos pensées et de vos expériences, vous comprenez l'un des éléments clés de cette pratique. Comme nous l'avons vu, l'objectif de nombreuses pratiques de pleine conscience est de ne pas se laisser emporter par les émotions ou les sentiments liés aux idées qui nous viennent à l'esprit, mais plutôt d'observer simplement ces pensées comme si nous y étions étrangers.

La capacité de se concentrer sur la respiration et d'être spectateur de pensées supplémentaires demande de l'entraînement et peut être atteinte grâce à une méditation attentive régulière. "Tout en maintenant une concentration explicite mais minimale sur l'ancre, on utilise la méta-conscience attentive pour percevoir les caractéristiques de l'expérience en cours qui ne concernent pas l'objet explicite [...], mais plutôt les caractéristiques hors objet" (Dunne et al., 2019). Un exemple de "focalisation sur un point d'ancrage" pourrait être la focalisation sur votre respiration ou votre corps.

La relation entre la capacité à observer attentivement les pensées qui défilent nous donne une base pour comprendre les fondements d'un détachement sain. Étant donné que cette pratique repose sur la recherche de moyens de faire preuve de gentillesse envers nous-mêmes, il est important de placer ce concept au premier plan de la pratique. Nous ne nous détachons pas pour faire preuve de malveillance ou de froideur à l'égard des autres, mais nous nous détachons avec une approche consciente pour prendre soin de soi et s'épanouir.

"Entre le stimulus et la réponse, il y a un espace. Dans cet espace se trouve notre pouvoir de choisir notre réponse. C'est dans notre réponse que se trouvent notre croissance et notre liberté."

J'adore la citation ci-dessus, souvent attribuée au Dr Viktor E. Frankl. Elle illustre avec force la liberté de choix qui découle de la pratique de la pleine conscience et d'un détachement sain. Vous devenez autonome en ayant la capacité de choisir consciemment vos réponses, au lieu d'avoir une réaction déclenchée. Cette idée permet à une personne de rechercher la paix, de résoudre des problèmes et d'aller de l'avant.

Pour découvrir ce dont vous devez vous détacher, réfléchissez un instant à la façon dont vous pouvez vous sentir coincé tout au long de votre journée. Certains d'entre nous ont des obligations nécessaires, comme celle de s'occuper d'enfants ou de personnes âgées. Le concept de détachement sain a donc besoin d'être clarifié, car notre service aux autres est souvent nécessaire.

Réfléchissez aux objets qui ne vous servent à rien et à ceux qui risquent de vous frustrer davantage si vous y restez attaché. Lorsqu'il s'agit de fixer des limites saines, envisagez-les pour différentes catégories de la vie, telles que le travail, la famille, la maison et les relations.

Limites du travail

Nous pourrions avoir le meilleur emploi et les meilleurs collègues du monde, mais sans une séparation entre le travail et la vie privée, notre esprit pourrait se sentir continuellement pressé de suivre le rythme et d'accomplir des tâches. Commencez à réfléchir aux limites que vous pourriez tracer en ce qui concerne votre énergie mentale. Il est souvent difficile d'abandonner mentalement le travail une fois la journée de travail terminée, alors établissez un moyen de transition pour mettre fin au travail afin d'être mentalement prêt à l'abandonner. Il peut s'agir d'incorporer un geste simple à la fin de votre journée de travail pour rappeler à votre cerveau que le travail est terminé. Par exemple, mettez en marche une "chanson signal" identique chaque jour ou programmez une alarme sur votre téléphone pour vous rappeler qu'il est temps de laisser cette partie de la journée derrière vous.

Créer une frontière professionnelle peut également signifier dire "non" à certains moments. Bien sûr, il est important de contribuer à notre travail. En même temps, nous devons aussi communiquer aux autres lorsque nous nous sentons trop sollicités avant que le travail ne soit terminé.

cela devient un problème lorsque nous nous sentons épuisés sur le lieu de travail. La communication est essentielle ici, car la création de ce type de limites peut nécessiter des discussions avec les dirigeants ou les patrons, tout en restant clair et honnête sur les raisons pour lesquelles vous avez besoin de fixer une limite. S'il vous est difficile de fixer des limites au travail, parlez à des collègues amicaux des problèmes que vous rencontrez et voyez s'il n'y a pas une solution que vous pourriez trouver ensemble.

L'idée énoncée dans le livre d'Oliver Berkeman, *Four Thousand Weeks : Time Management for Mortals* explique de manière concise la pression que nous nous imposons en essayant d'accomplir des tâches : "Plutôt que d'affronter nos limites, nous nous engageons dans des stratégies d'évitement afin de continuer à nous sentir illimités. Nous nous surpassons, poursuivant des fantasmes d'équilibre parfait entre vie professionnelle et vie privée... Nier la réalité ne fonctionne jamais" (Burkeman, 2021). Lorsque nous ne nous arrêtons pas pour reconnaître nos pensées intérieures, nos objectifs ou nos rêves, nous nous privons de quelque chose de plus grand et nous fonctionnons comme un simple rouage dans une machine.

Limites de la famille

Il est souvent plus difficile de dire "non" aux membres de la famille que d'établir une limite avec des collègues de travail, c'est pourquoi l'établissement de cette limite demande un peu de doigté. Si vous supportez constamment des commentaires ou des actions qui vous mettent mal à l'aise, prenez le temps de réfléchir à la façon dont cela vous affecte mentalement et émotionnellement. Sans vous énerver ni vous disputer, trouvez un moyen de faire savoir que vous vous sentez mal à l'aise lorsque quelqu'un utilise des actions ou un langage haineux ou nuisible.

Vous avez tout à fait le droit de vous protéger et de protéger ceux que vous aimez des membres de votre famille qui vous épuisent mentalement ou qui ne contribuent pas à votre bien-être. Dans votre désir de prendre soin de vous, rappelez-vous qu'une limite n'a pas besoin d'être permanente, mais qu'elle peut vous permettre de faire une pause afin que vous puissiez placer votre énergie positive ailleurs. L'expression de vos sentiments aux membres de votre famille est un élément clé de la création de cette limite. Il est important d'être clair et direct lorsque vous abordez ces discussions, mais ne pointez pas de doigt accusateur. Expliquez calmement ce que vous ressentez et pourquoi vous avez décidé que cette limite était nécessaire pour vous.

Limites de la maison

Même le fait de vivre seul peut nous mettre au défi si nous ne fixons pas de limites à notre espace domestique. Par exemple, si votre téléphone, votre télévision ou votre ordinateur portable vous distraient constamment des autres activités que vous pourriez pratiquer à la maison, il est peut-être temps de fixer des limites à ces obstacles qui vous empêchent de vivre d'autres expériences.

Si vous vous surprenez à faire défiler sans réfléchir des messages sur Internet dès le matin, envisagez d'éviter consciemment la technologie pendant au moins les 30 à 60 premières minutes de la journée. Commencez plutôt votre journée en prenant conscience de vos pensées et laissez-les vous guider vers la découverte de vous-même. En commençant par une courte méditation, vous pouvez donner à votre esprit un ton de sérénité alors que vous vous embarquez dans la journée, quelle qu'elle soit.

Si vous vivez avec d'autres personnes, il peut s'avérer difficile d'établir des limites personnelles à la maison lorsque les bruits, les conversations et les interruptions font tout simplement partie de votre quotidien. Si vous avez du mal à vous fixer des limites chez vous, faites part de votre désir d'avoir du temps pour vous. Même si vous demandez dix minutes par jour pour méditer seul, lire un livre, vous promener ou faire de l'exercice seul, il est important d'exprimer votre besoin de disposer de ce temps, car cela peut recharger votre énergie et vous permettre d'être plus productif et plus détendu.

Limites des relations

L'un des domaines les plus difficiles de la création de limites est celui des amitiés quotidiennes ou des relations amoureuses. Nous pouvons nous sentir coupables de ne pas avoir assez d'heures à consacrer à tout le monde. Envisagez de vous réserver du temps pour mener à bien les activités que vous souhaitez faire ou créez une limite avec une personne qui n'accorde pas d'importance à votre temps ou à votre énergie.

Si vous avez l'impression de ressentir une certaine fatigue mentale à force de fréquenter des personnes qui vous vident de votre énergie, vous avez peut-être une nouvelle occasion de vous fixer des limites.

L'établissement d'une limite émotionnelle pour vous-même nécessite un examen plus approfondi des relations avec les autres. Si les autres vous rabaissent ou si vous avez régulièrement des disputes non résolues avec une personne, il est temps de réévaluer cette relation. Vous sert-elle bien ? Que pourriez-vous faire de votre temps si vous ne le passiez pas avec cette personne ? Y a-t-il un espoir que l'autre personne respecte une limite que vous avez fixée avec elle ? Prenez le temps de réfléchir à ce que vous ressentez lorsque vous êtes près de cette personne et à ce que vous ressentez lorsque vous êtes séparés.

Les limites n'ont pas besoin d'être permanentes, mais si vous vous sentez blessé dans une relation, que ce soit mentalement ou physiquement, il est temps d'y mettre un terme dès que possible. Si vous pensez avoir besoin d'aide pour établir une limite avec une autre personne, en particulier dans le cas d'une relation préjudiciable avec un partenaire, demandez de l'aide à une personne de confiance, comme un membre de votre famille, un ami précieux ou un service d'assistance téléphonique disponible dans votre région.

L'établissement de limites dans les relations peut parfois être un domaine complexe, car il traite d'émotions et d'idées qui peuvent être gênantes pour certains. Consultez un thérapeute ou un conseiller si vous ou quelqu'un que vous connaissez avez des difficultés dans ce domaine.

De bons livres sur ce sujet, comme ceux de Nicole Lepera et Nedra Tawwab, offrent aux lecteurs des conseils pour fixer des limites et établir des relations saines.

Se décoincer

Dans votre quête d'opportunités pour vous sentir productif et détaché des activités ou des personnes qui vous empêchent d'évoluer, il est nécessaire de vous concentrer sur votre situation actuelle. Bien sûr, penser à l'avenir peut s'avérer utile pour la planification à long terme, mais encouragez votre cerveau à rester attentif aux circonstances et à la réalité actuelles. Par exemple, le fait de trouver des exutoires pour vos pensées anxieuses peut créer un espace pour elles sans leur donner le pouvoir de prendre le dessus. Commencez dès aujourd'hui à libérer votre esprit en vous réservant cinq à dix minutes pour vous permettre de vous inquiéter. Vraiment ! Cela peut sembler idiot, voire contre-productif, mais le fait d'accorder à votre esprit un temps limité pour penser au stress que vous subissez peut vous libérer et vous permettre de passer à d'autres pensées plus productives dans votre journée.

En outre, pour sortir de l'impasse, vous pourriez avoir besoin de tromper votre cerveau pour qu'il se concentre sur une activité plus saine, telle que la pratique d'un sport, le bricolage, l'exercice en plein air ou le désencombrement d'un placard. Votre esprit peut encore vagabonder vers une idée stressante, mais vous pouvez le ramener à la prise de décisions concernant la tâche à accomplir afin de repousser les pensées anxieuses.

Si un problème nécessite une attention immédiate, prenez les décisions les plus appropriées pour résoudre ce que vous pouvez, puis accordez-vous une pause pour vous concentrer sur une activité susceptible de détourner vos pensées des idées stressantes ou inutiles. Au lieu de considérer cette activité comme un moyen de reporter votre stress, considérez-la comme une méthode pour ajouter à votre journée des pauses saines qui vous permettront de vous libérer des pensées indésirables.

Idées de pleine conscience pour un détachement sain

Lorsque vous envisagez des méthodes de création de limites et des moyens de tirer le meilleur parti de vos centres d'intérêt, n'oubliez pas de créer en toute conscience un espace pour votre limite. Si vous vous séparez d'une personne dont vous étiez autrefois très proche, réfléchissez à ce qui a changé dans votre vie ou dans la sienne et qui ne vous satisfait plus ou ne vous remplit plus de joie.

Nous connaissons tous des périodes de progrès et de développement personnel. Ainsi, à différentes étapes de votre vie, vous pourriez avoir besoin de pivoter afin de prendre soin de vous et de vous détacher des idées néfastes vers lesquelles vous avez un jour gravité. Cette liste d'idées pour un détachement sain vous guidera dans votre recherche de moyens de rompre avec la routine et de trouver des moments pour vous-même.

- Dressez une liste des passe-temps que vous aimez (ou que vous aimiez). Essayez l'un de ces passe-temps cette semaine.
- Simplifiez-vous la vie. Réfléchissez à l'espace physique et mental que vous pouvez vous créer.
- Posez-vous la question : "Est-ce que cela me sert bien ?" Si ce n'est pas le cas, envisagez de vous en défaire.
- Trouvez des personnes partageant les mêmes idées que vous et avec lesquelles vous pouvez discuter.
- Essayez de vous détacher des médias sociaux (même pour une heure ou deux).
- Entraînez-vous à communiquer avec les membres de votre famille. Vous ne devez laisser personne ignorer vos besoins, mais vous devez aussi les faire connaître aux autres.
- Affrontez les problèmes de front au lieu de les éviter ou de vous en cacher.
- Cherchez un soutien professionnel pour vous aider à limiter ou à éliminer votre consommation d'alcool et de drogues.
- Observez vos pensées chaque jour. Imaginez que vous êtes une personne extérieure qui observe votre cerveau en train de penser.
- Lorsque vous êtes déçu, prenez le temps de réfléchir à votre expérience. Prenez le temps de reconnaître les raisons de votre déception, de trouver un moyen d'accepter ce sentiment et de le laisser aller.
- Reconnaissez que vos sentiments sont puissants et que vous avez le

droit de les ressentir.
- Concentrez-vous sur votre respiration pendant plusieurs minutes afin de briser le cycle des pensées ruminantes.
- Accordez-vous un peu de temps seul pour réfléchir à votre journée.
- Reconnaissez que vous pouvez faire preuve de compassion et de compréhension sans vous impliquer dans les perspectives ou les conflits des autres.
- Formulez vos besoins de la manière la plus précise possible.
- Restez cohérent avec les limites que vous avez créées.
- Identifiez les anciennes croyances que vous pourriez avoir besoin de mettre à jour.
- Écoutez les autres sans les juger.
- Accordez-vous des "temps morts" lorsque vous vous sentez anxieux ou stressé (accordez-vous un temps de récupération).
- Posez-vous la question suivante : "Qu'est-ce que je peux contrôler en ce moment ?".
- Réalisez qu'il existe de nombreuses possibilités de résultats au lieu d'une seule. Lorsque vous êtes confronté à un choix important, faites un remue-méninges pour trouver toutes les idées qui vous viennent à l'esprit.
- N'attendez pas que le bonheur vienne à vous, planifiez des activités qui vous rendent heureux !
- Posez-vous la question suivante : "Qu'ai-je appris de cette expérience ?"
- Réfléchissez à la question de savoir si des aliments spécifiques ou un manque d'exercice physique peuvent entraver votre capacité à vous détacher.
- Réglez des alarmes pour des "pauses mentales" tout au long de la journée.
- Entraînez-vous à avoir des conversations difficiles avant de les avoir.
- Attendez un instant avant de répondre à une question difficile (faites une pause et réfléchissez d'abord).
- Reconnaissez que les traumatismes passés peuvent avoir un impact sur les attachements ou les détachements futurs. Travailler avec un thérapeute ou un conseiller peut aider à déballer et à comprendre les traumatismes afin que la guérison puisse avoir lieu.
- Reconnaissez que la vie ne se déroule pas toujours exactement comme nous l'avions prévu, mais que c'est l'occasion de grandir et d'apprendre. En abandonnant nos vieilles attentes, nous sommes

libres d'accueillir de nouvelles opportunités.

NB : Les idées d'autosoins ci-dessus aident à préparer votre cerveau et votre corps à des pratiques régulières de méditation de pleine conscience. Vous trouverez en annexe des audioguides gratuits sur les méditations de pleine conscience. Utilisez ces audioguides en même temps que les pratiques d'autosoins ci-dessus, alors que vous vous lancez dans votre "année de la pleine conscience".

Principaux enseignements

Comprenez qu'il y aura des hauts et des bas sur votre chemin vers la pleine conscience. Certains jours, il peut être difficile de créer un espace où vous pouvez observer vos pensées et rester conscient des opportunités présentes. Ces jours-là, envisagez de mettre vos "freins émotionnels" et de trouver une activité ou une personne qui vous aidera à vous réinitialiser. Plus vous prendrez le temps de vous rendre heureux, plus il vous semblera naturel de trouver du temps pour cet acte simple.

- Les détachements sains donnent à une personne la possibilité de se défaire de relations dangereuses ou malsaines.

- Prendre ses distances avec une activité ou une personne qui ne contribue pas positivement à notre bien-être peut être une forme de soin de soi.

- Il peut être nécessaire de fixer des limites au travail, à la famille, à la maison et aux relations pour mieux se connaître et se sentir à l'aise.

- Le fait de rester dans le moment présent grâce à la pleine conscience peut aider une personne à s'adapter à une nouvelle frontière.

Le chapitre suivant vous donnera l'occasion de réfléchir à vos habitudes quotidiennes pour voir comment les choix de pleine conscience peuvent devenir plus naturels dans votre vie. Après tout, lorsque vous apprenez à vivre en paix, vous comprenez comment vivre en pleine conscience.

Chapitre 7 :

Vivre en paix

Si vous vous surprenez à envier la vie des autres, n'oubliez pas que l'herbe n'est pas toujours plus verte de l'autre côté de la barrière. Même si, certains jours, vous n'avez pas l'impression d'avoir tout compris, il est important de se rappeler que la plupart des adultes sont confrontés à des défis permanents et qu'ils bénéficient à la fois d'un soutien extérieur et de leurs propres pratiques de pleine conscience.

La pleine conscience a parcouru un long chemin depuis son adoption par les premières philosophies religieuses. L'idée de "non-soi" du bouddhisme signifiait traditionnellement que, puisqu'une personne a naturellement tendance à penser d'abord à elle-même dans le monde et aux objets qui peuvent devenir les siens, les pratiques de pleine conscience lui permettraient d'apaiser ce désir afin que cette attitude compétitive ne soit pas présente (Giles, 2019). La philosophie bouddhiste encourage à abandonner les idées égocentriques telles que la jalousie, l'envie et l'avidité afin qu'elles ne deviennent pas le centre de la vie d'une personne.

Si, dans la culture occidentale, la pleine conscience a de nombreux liens avec les traditions du bouddhisme, le concept consistant à laisser le "moi" derrière soi pour vivre une vie plus épanouie n'a probablement pas de lien avec une personne qui cherche à réduire son stress. Travailler à calmer le corps physique, à soulager les pensées intrusives et à éliminer les inquiétudes persistantes signifie généralement que nous devons adopter une approche intérieure pour nous comprendre profondément nous-mêmes et nos valeurs.

Dans cette optique, considérez la pleine conscience comme un moyen de parvenir à une plus grande rigueur dans tous les aspects de notre vie. Elle nous permet d'aborder toute situation en ayant une bonne connaissance de nous-mêmes, de sorte que nous n'avons pas à devenir quelqu'un que nous ne sommes pas. L'objectif est plutôt de reconnaître nos sentiments tout en vivant en pleine conscience et en paix.

Vivre en paix, pas à la perfection

Vous arrive-t-il de vous retrouver dans un moment de frustration et de ne pas être fier de votre comportement ? Par exemple, si quelqu'un vous coupe la route dans les embouteillages, vous pouvez vous retrouver en colère, le cœur battant la chamade tandis que vos mains s'agrippent au volant. Dans de nombreuses situations, notre corps peut nous en dire long sur ce que nous ressentons sans même que nous ayons à le dire ou à y penser.

L'idée de s'efforcer d'avoir des sentiments plus neutres lorsque l'on médite ou que l'on pratique des activités de pleine conscience n'est pas dénuée d'intérêt. Bien sûr, ce n'est pas facile lorsque nous avons de grandes émotions qui peuvent nous gêner, mais une idée clé qui peut aider est de se concentrer, par petites touches, sur le progrès et non sur la perfection.

Élimination des éléments physiques

Vivre en paix ne signifie pas nécessairement que vous déraciniez complètement votre vie et que vous deveniez méconnaissable, mais cela devrait signifier que vous faites des choix réfléchis sur ce que vous voulez garder près de vous et sur ce que vous ne voulez pas. Commencez par examiner votre espace physique et les objets qui ne vous servent plus. Réfléchissez aux articles ménagers et aux vêtements dont vous n'avez plus besoin et commencez à vivre paisiblement en vous disant que les objets physiques ne sont pas synonymes de bonheur. Plus nous avons d'objets autour de nous, qui prennent de la place, plus nous avons tendance à nous sentir encombrés à l'intérieur de notre esprit.

Commencez à réfléchir aux objets qui se trouvent dans votre maison ou dans votre placard et dont vous pourriez faire don pour créer un environnement désencombré pour votre corps et votre esprit. Pour paraphraser le concept présenté par Marie Kondo dans son magnifique livre, The Life-Changing Magic of Tidying Up, il peut être utile de se poser la question suivante : "Cet objet m'apporte-t-il de la joie ?" lorsque vous décidez de le conserver ou non.

Éliminer les décisions

En plus de se sentir débordé lorsque notre espace physique devient encombré, notre esprit est stressé lorsque nous avons trop de décisions à prendre au quotidien. Cela ne veut pas dire que nous n'avons plus besoin d'accomplir les tâches nécessaires, mais dans de nombreuses circonstances, nous ajoutons du stress à notre journée par notre incapacité à simplifier. Lorsque nous avons trop de choix sur ce que nous devons porter, manger, regarder ou parcourir, notre esprit est surstimulé au point de se sentir perdu dans le processus de prise de décision.

Au lieu d'essayer de prendre en charge toutes les activités qui vous entourent, commencez à prendre des décisions fermes sur les activités qui sont nécessaires et celles qui ne le sont pas. Moins votre cerveau aura à prendre de décisions au quotidien, plus vous vous sentirez clair lorsque des décisions importantes se présenteront. Dépensez votre énergie dans des endroits utiles et réfléchissez aux décisions que vous pouvez éliminer pour vous sentir plus libre.

Votre groupe de base

Lorsque vous avez appris à fixer des limites au chapitre 6, nous avons abordé la question de l'éloignement des personnes qui ne vous aident pas à atteindre vos objectifs. Vous pouvez maintenant approfondir cette idée en évaluant les personnes qui vous valorisent, vous désirent et vous rendent heureux, afin de créer votre "noyau dur". Réfléchissez aux personnes qui respectent votre travail, votre temps, vos activités et d'autres aspects généraux de votre vie, et gardez ces personnes près de vous. Tout comme vous souhaitez soutenir les autres en leur faisant savoir à quel point ils sont spéciaux et appréciés, ce noyau dur doit être composé de personnes qui vous rappellent à quel point vous êtes exceptionnel.

Il n'est pas nécessaire que le groupe principal soit très nombreux. Il peut être restreint, car il s'agit d'amis importants et de membres de la famille avec lesquels vous voulez passer du temps de qualité. Si cela peut vous aider, dressez une liste de trois ou quatre personnes dont vous savez qu'elles vous soutiendront dans les moments difficiles comme dans les réussites. Ces personnes n'ont pas besoin d'être amies les unes avec les autres, mais peuvent être des individus autonomes qui vous rendront heureux et serein.

Comprendre qui vous devez être

Maintenant que vous avez réfléchi à la manière d'établir des limites et de créer un noyau dur qui vous soutient, réalisez que vous n'êtes pas obligé de vivre sur une île, mais que c'est parfois le cas ! Cela signifie que vous n'avez pas besoin de vous stresser avec des sentiments de culpabilité ou d'obligation lorsque vous devez dire "non" aux autres. Oui, l'amitié est une voie à double sens qui exige des personnes qu'elles apportent le soutien qu'elles souhaitent recevoir, mais vous devez également vous sentir à l'aise pour prendre vos propres décisions sur la manière de réserver du temps et de l'énergie pour vous-même.

En planifiant votre temps avec les autres, gardez du temps pour vous. Le temps passé seul peut être plus pratique et bénéfique que nous ne le pensons. Vous comprenez sans doute que lorsque vous êtes "sur la brèche" à toute heure de la journée, vous pouvez rapidement vous fatiguer de ce mode de vie insoutenable.

Dans cette optique, la pratique de la pleine conscience peut vous aider à mieux vous connaître et à mieux connaître vos besoins afin que vous puissiez choisir les activités pour lesquelles vous économisez de l'énergie et, à l'inverse, les moments où vous avez besoin de vous reposer. Si nous essayons d'en faire trop, notre santé mentale peut en souffrir, ce qui peut provoquer de l'anxiété ou des états dépressifs. Dans les études sur le cerveau, la dépression peut être le résultat d'émotions ayant un impact sur l'amygdale en raison d'une suractivité dans cette zone du cerveau (Barnhofer, 2019). Lorsque notre stress persiste, cette zone reste hyperactive, à moins que nous puissions apporter des changements pour la calmer.

D'autres études ont mis en évidence les avantages de l'entraînement cognitif basé sur la pleine conscience (Mindfulness-Based Cognitive Training, MBCT) pour modifier la plasticité cérébrale et réduire le stress chez les patients (Barnhofer, 2019). Les conclusions de ces études visent à donner un aperçu de la manière dont la pleine conscience peut diminuer les pensées négatives et améliorer l'humeur d'un patient grâce à l'entraînement à la pleine conscience, car les patients peuvent mieux reconnaître et se détacher des schémas de recul liés au stress.

En consacrant du temps à des pratiques de pleine conscience, nous favorisons la santé de notre cerveau en lui permettant de passer d'une activité à l'autre.Cela nous aide à nous adapter à de nombreuses situations. Lorsque nous sommes capables de rester flexibles, nous sommes également en mesure de renforcer notre résilience émotionnelle, ce qui permet à notre cerveau de s'adapter à de nombreuses situations.

Nous pouvons ainsi mieux faire face aux futurs moments de stress. Certes, nous ressentons toujours de la nervosité et de l'inquiétude, mais nous pouvons rester plus fluides lorsque nous naviguons dans notre monde.

Une question simple

Lorsque la vie vous semble trop compliquée et que vous avez besoin de conseils encore plus avisés pour maîtriser votre chemin vers la paix, revenez à une idée simple. Ce concept peut vous aider les jours les plus difficiles, lorsque vous avez du mal à travailler, à vous occuper des autres ou simplement à sortir de chez vous. Posez-vous la question suivante : "De quoi ai-je le plus besoin en ce moment ?" et attendez que votre esprit réponde à cette question. Je sais que cela peut sembler ridicule, mais essayez la prochaine fois que vous serez en train de perdre le contrôle de la situation. Asseyez-vous dans un endroit calme, fermez les yeux, respirez profondément et réfléchissez à cette question pour voir ce qui se passe.

J'ai constaté que lorsque j'ai essayé de me poser cette question et d'attendre une réponse, quelque chose de définitif finit par apparaître. Votre cerveau sait ce dont vous avez besoin quand vous en avez besoin. Parfois, mon cerveau me demande de m'asseoir plus longtemps pour méditer pendant que je me calme. D'autres fois, mon cerveau me donne une seule affirmation apaisante, comme "Je peux le faire", qui me permet de passer le reste de la journée. De temps en temps, mon cerveau me dit de me laisser aller à quelque chose qui fait du bien à mon corps, comme un bain. Ce qui vient à moi pendant que je m'assois me dit que c'est ce dont j'ai besoin, et m'autoriser à le faire est un cadeau que je me fais à moi-même.

Essayez-le la prochaine fois que vous aurez besoin de vous libérer. Posez-vous simplement la question suivante : "De quoi ai-je le plus besoin en ce moment ?"

Idées de pleine conscience pour la paix et la résilience

Prendre le temps de vous rappeler ce que vous aimez dans la vie peut vous aider à rester ancré dans le moment présent. Si vous envisagez d'intégrer les éléments ci-dessous à votre vie, vous pouvez tenir un journal ou un carnet de notes pour suivre votre chemin vers la paix et la résilience. Commencez par écrire quelques mots de gratitude pour le moment présent afin de commencer à créer une habitude d'appréciation.

- Dressez une liste de cinq choses que vous avez accomplies ou essayées pour la première fois depuis le début de l'année.
- Adoptez un point de vue plus aimable et plus compatissant à l'égard des autres, que vous les connaissiez ou non. Entraînez-vous à ne pas porter de jugement et essayez plutôt de faire preuve de curiosité à l'égard des autres.
- Faites preuve de gentillesse en ne vous jugeant pas.
- Simplifiez-vous la vie en désencombrant certaines parties de votre maison.
- Passez du temps dans les endroits que vous aimez dans votre maison.
- Sortez de chez vous. Partez pour de nouvelles aventures.
- Essayez d'utiliser des rideaux occultants dans votre chambre à coucher. Cela peut vous aider à passer une meilleure nuit de sommeil et à vous réveiller en pleine forme.
- Investissez dans une couverture douillette ou des draps confortables (ou les deux !).
- Essayez de noter les plaisirs simples de votre journée (manger des aliments sains et délicieux, essayer quelque chose de nouveau, faire un compliment à quelqu'un, etc.)
- Reconnaissez les activités, les compétences ou les passe-temps que vous *êtes en mesure d'exercer.*
- et ne pas se laisser impressionner par ce que l'on ne peut pas faire.
- Reconnaissez que vous ne vivrez pas éternellement le

même moment de stress (tout est temporaire).
- Repérez les éléments déclencheurs qui pourraient vous perturber et réfléchissez à ce que vous pouvez faire à ce sujet.
- Conservez un calendrier ou une liste des tâches à effectuer chaque semaine.
- Ajoutez de la variété à votre vie (empruntez un nouvel itinéraire pour vous rendre au travail, essayez un nouveau plat, écoutez une nouvelle musique).
- Rejoignez un groupe ou un club qui vous passionne.
- Dressez une liste des personnes qui vous ont servi de modèles dans votre vie. Notez dans votre journal les qualités que vous admirez chez eux.
- Riez et gardez le sens de l'humour tout au long de votre journée.
- Restez flexible et adaptable lorsque les événements ne vont pas dans votre sens.
- Prenez le temps de préparer et de répéter vos discours et présentations.
- Prenez conscience du nombre de fois où vous consultez vos courriels ou SMS personnels au cours de la journée.
- Lorsque vous êtes stressé, essayez d'utiliser des huiles essentielles ou des parfums de lavande pour vous calmer.
- Prenez un bain moussant.
- Peindre ou colorier une image.
- Prenez des "mini-vacances" pour un week-end en solitaire.
- Utilisez une lotion apaisante avant le coucher.
- Rédigez un article de journal sur un sujet qui vous met en colère, puis déchirez le papier et jetez-le. Imaginez qu'il s'agit d'une colère inutile dont vous vous débarrassez.
- Réservez au moins un jour par mois pour rester à la maison et faire le plein d'énergie.

NB : Les idées d'autosoins ci-dessus aident à préparer votre cerveau et votre corps à des pratiques régulières de méditation de pleine conscience. Vous trouverez en annexe des audioguides gratuits sur les méditations de pleine conscience. Utilisez ces audioguides en même temps que les pratiques d'autosoins ci-dessus, alors que vous vous lancez dans votre "année de la pleine conscience".

Principaux enseignements

Continuez à identifier les aspects positifs de votre vie et notez-les dans une liste rapide que vous pourrez consulter dans les moments difficiles. Lorsque vous êtes en mesure d'apprécier les idées et les éléments pour lesquels vous êtes reconnaissant, il devient plus facile d'éprouver un sentiment d'accomplissement pour la vie que vous vous êtes construite.

- Dans la philosophie bouddhiste, la pleine conscience se concentre sur l'élimination des concepts égoïstes tels que la jalousie, l'envie et la cupidité, et encourage au contraire la séparation entre ces sentiments et l'esprit humain.

- L'élimination des objets matériels et des décisions qui ne vous servent plus peut vous aider à vous concentrer sur un objectif plus fort. En outre, le choix d'un groupe de base qui vous soutient peut vous aider à établir une relation avec des amis et des membres de votre famille qui vous encouragent.

- Les pratiques de pleine conscience atténuent le stress et la surstimulation du cerveau, ce qui permet à l'esprit de se détacher et de commencer à acquérir des habitudes plus saines en cas de difficultés.

Nous sommes arrivés à un point crucial où nous pouvons commencer à nous concentrer sur certains aspects de la vie pour lesquels la pleine conscience peut s'avérer très utile. Étant donné que la journée de travail peut devenir l'un des aspects les plus anxiogènes de la vie si nous le laissons faire, nous allons maintenant voir comment gérer et prendre le contrôle de cette partie de notre journée avec grâce et empressement.

Chapitre 8 :

Respiration consciente

pour la journée de travail

Si vous pouviez formuler un souhait concernant votre emploi ou votre lieu de travail, quel serait-il ? Souhaiteriez-vous un salaire plus élevé ? Souhaiteriez-vous un patron plus gentil et plus compréhensif ? Souhaiteriez-vous avoir des collègues qui apprécient vos efforts quotidiens ?

La plupart d'entre nous rêvent d'améliorer au moins un aspect de leur vie professionnelle, mais changer quoi que ce soit à propos d'un emploi peut s'avérer difficile et sembler hors de notre contrôle. Nombreux sont ceux qui aspirent à un équilibre entre vie professionnelle et vie privée, qui leur permette de partager équitablement leur temps entre le travail et les loisirs, afin de ne pas faire peser le poids du travail sur leur vie personnelle. Mais est-ce possible dans un monde occidental qui se nourrit d'industrie et de productivité ?

Malheureusement, "40 % des travailleurs déclarent que leur travail est très ou extrêmement stressant" et "25 % considèrent leur travail comme le principal facteur de stress dans leur vie" (Batson, 2021). Évaluer le bonheur au cours d'une journée de travail semble subjectif - et dans une certaine mesure, ça l'est - mais en gardant cette statistique à l'esprit, la plupart d'entre nous ne peuvent nier que le fait d'occuper un emploi stressant n'est pas l'idée que chacun se fait d'une journée parfaite.

Dans cette section, nous verrons comment réduire les sentiments de stress sur le lieu de travail et au-delà. Grâce à des techniques de respiration consciente, nous pouvons mieux reconnaître les moments où nous nous sentons anxieux au travail et apprendre à faire des pauses pour nous ressourcer dans ces moments-là. Nous parlerons également des moyens de mieux équilibrer la vie et le travail afin que ce dernier ne prenne pas la plus grande partie de notre journée. Bien que la plupart d'entre nous considèrent le travail comme un élément indispensable de notre vie, il existe des moyens d'améliorer notre perception du travail afin que les défis qu'il pose deviennent des occasions d'apprentissage plus productives.

Qu'est-ce que le travail ?

En comprenant les concepts présentés dans ce chapitre, je me rends compte que le mot "travail" peut sembler restrictif. Après tout, qu'est-ce que le travail ? Nous avons tous du "travail" à accomplir, n'est-ce pas ? Ce simple mot contient de nombreuses significations et, pour certains, peut avoir une connotation négative. En repensant et en redéfinissant le mot "travail", nous pouvons l'explorer sous un angle nouveau. Si bon nombre des idées présentées ici peuvent se rapporter à un emploi de neuf à cinq, elles peuvent également s'appliquer à toutes les tâches qui nous semblent nécessaires chaque jour.

Comme il existe tous les types d'emplois ainsi que les personnes qui travaillent pour les accomplir, il est d'abord nécessaire de décrire les variétés de travail, car chacune a son importance. Les dirigeants des grandes entreprises veillent à ce que les employés accomplissent leurs tâches et soient satisfaits de leur rôle. Les employés débutants d'une entreprise travaillent pour acquérir de l'expérience et apprendre à diriger. Les entraîneurs d'une salle de sport s'efforcent d'établir des relations avec les clients afin de les motiver à s'entraîner. Les aidants non rémunérés travaillent pour aider leurs proches en cas de besoin et de dépendance. Les parents au foyer s'efforcent de prendre chaque jour des décisions difficiles pour leur famille. Quel que soit le type de "travail" auquel vous participez, vous faites une différence dans la vie des autres et vous avez besoin de soutien et de nourriture pour continuer à le faire.

Parce qu'il est évident que l'idée du "travail" n'enthousiasme pas tout le monde immédiatement, l'identification des points problématiques ou des domaines à améliorer doit être une première étape vers la satisfaction au travail. Bien que cette tâche ne doive pas être monumentale, elle constitue un point de départ important pour comprendre comment changer ou s'adapter aux situations de travail. Tout comme dans les autres domaines de notre vie, nous avons besoin d'une expérience durable pour ne pas nous épuiser trop rapidement au travail.

Prenez le temps d'examiner votre situation actuelle et les éléments qui, selon vous, pourraient être améliorés. Que faudrait-il faire pour l'améliorer ? Quelles conversations devriez-vous avoir ? Comment pensez-vous que ces conversations se dérouleraient ? Si vous devez dresser des listes dans le cadre de ce processus, c'est le moment de sortir du papier ou un carnet pour noter vos idées. Il n'y a pas de mauvaises réponses dans le processus de remue-méninges.

N'hésitez donc pas à énumérer tout ce qui vous vient à l'esprit lorsque vous évaluez votre expérience professionnelle.

Évaluer le stress au travail

Imaginez que vous puissiez vous réveiller le matin après une bonne nuit de sommeil, vivre huit heures productives de travail ininterrompu, puis terminer votre journée en faisant des activités qui vous plaisent sans même un soupçon de rappel de votre travail. C'est vrai. Si vous levez les yeux au ciel à ce stade, c'est aussi mon cas : cela semble impossible, quel que soit le secteur d'activité.

Il est important de commencer par se poser la question suivante : "Qu'est-ce qui rend votre travail particulièrement stressant ?" Vous pourriez avoir une liste interminable d'exemples pour répondre à cette question, mais concentrons-nous pour l'instant sur un ou deux exemples principaux. Si vous avez eu l'occasion de réfléchir à ce qui pourrait améliorer votre travail, n'hésitez pas à utiliser une ou deux idées de cette liste. En réalité, vous pourriez probablement classer le stress professionnel dans l'une des catégories suivantes : le stress physique, le stress émotionnel et le stress organisationnel. Il est très probable que toutes les sources de stress que vous avez énumérées puissent être classées dans l'une de ces catégories, alors prenez le temps de décider dans quelles catégories se situent vos meilleurs exemples.

Pour mieux comprendre les implications de chaque catégorie, nous allons maintenant examiner quelques exemples de stress dans ces catégories.

Stress physique au travail

Le stress physique lié à un emploi peut s'accumuler de manière exponentielle. Cette catégorie tend à être l'une des plus stressantes lorsque l'on se concentre sur la durabilité d'un emploi. Par exemple, si vous soulevez des objets lourds, supportez des bruits forts ou travaillez sous un mauvais éclairage tout au long de la journée, le stress qui en découle est susceptible d'affecter physiquement votre corps au fil du temps.

Stress émotionnel au travail

Question : Qu'est-ce qui est parfois plus difficile à gérer que le stress physique d'un travail ?

Réponse : La charge émotionnelle qu'elle entraîne.

En ce qui concerne les facteurs aggravants sur le lieu de travail, les facteurs de stress psychologique tels que le harcèlement, les mauvaises relations de travail, les exigences professionnelles pesantes ou l'angoisse mentale ont tous un impact sur le bien-être émotionnel d'une personne. Certaines personnes peuvent considérer que cela "fait partie du travail", mais il est important d'examiner de plus près les résultats que ces facteurs entraînent au fil du temps, car une personne peut découvrir que sa carrière ne vaut peut-être pas la peine d'être endommagée à long terme.

Stress organisationnel au travail

Le stress organisationnel d'un emploi a tendance à être un peu plus subtil, mais il peut s'insinuer au fil du temps. Si la structure de gestion d'un lieu de travail nuit au fil du temps à la production des employés, tout le monde en souffre. Bien que ce type de stress puisse également avoir un impact émotionnel sur une personne, sa cause est enracinée dans les insuffisances de l'entreprise dans son ensemble. Par exemple, si les employés ne disposent pas des outils appropriés pour effectuer un travail, le stress peut se développer. Certes, les employeurs peuvent présenter ce manque de ressources comme un moyen de permettre aux employés de faire preuve d'ingéniosité et de créativité, mais il existe de nombreuses autres façons de permettre aux employés de démontrer ces compétences tout en répondant à leurs besoins fondamentaux. Une culture organisationnelle qui encourage la communication ouverte et la confiance, et qui soutient le bien-être du personnel, peut être bénéfique à la fois pour l'entreprise et pour les employés.

Aperçu des emplois

Comme vous le savez, l'impact du travail ne pèse pas seulement sur une personne à un moment donné. Le stress s'accumule et fait boule de neige

Il est donc important de disposer d'outils pour combattre ce stress avant qu'il ne devienne incontrôlable.

Si vous avez déjà connu un emploi caractérisé par un taux de rotation élevé, un mauvais moral des employés ou un absentéisme excessif, vous avez probablement pris le temps de vous demander si ce travail valait la peine d'être poursuivi. En réfléchissant à votre décision, sachez que vous n'êtes pas seul et que quelqu'un, quelque part, ressent la même chose.

Même dans les moments les plus stressants de votre travail, rappelez-vous que, dans la plupart des cas, vous avez toujours le choix des résultats. Même dans les cas où une personne se sent coincée dans un emploi qui lui cause du stress, elle peut toujours prendre des décisions sur la façon de procéder. Dans certains cas, cela peut signifier quitter complètement le travail, mais ce n'est pas obligatoire. Le fait d'avoir une conversation importante avec d'autres personnes sur l'équilibre entre vie professionnelle et vie privée, les facteurs de stress liés au travail ou les exigences physiques de votre journée peut conduire à un changement de confiance et de production dans un emploi.

Le fait de mieux comprendre ce que vous pensez de votre travail quotidien peut vous apporter les connaissances dont vous avez besoin pour prendre certaines des décisions difficiles concernant la suite de votre carrière. Réfléchissez à votre réponse aux questions suivantes et à la justification de chaque réponse :

- Vous sentez-vous important sur votre lieu de travail ?

- Avez-vous le sentiment de jouer un rôle direct dans le succès de votre travail ?

- Entretenez-vous des relations cordiales avec vos collègues ?

- Participez-vous à la prise de décision sur votre lieu de travail ?

- Vous souhaitez participer à la prise de décision sur votre lieu de travail ?

- Comment vous sentez-vous par rapport à votre emploi actuel dans cinq ans ?

S'il existe des moyens d'apporter des changements significatifs à notre vie quotidienne, il suffit parfois de petits changements pour nous motiver momentanément.

Cela peut suffire à nous faire passer la journée et à nous rafraîchir pour les tâches à venir.

Pour devenir plus attentif tout au long de la journée, prenez le temps de pratiquer des exercices de respiration profonde pendant quelques minutes à la fois. Comme vous le feriez chez vous, trouvez un endroit calme et confortable pour vous asseoir et vous détendre pendant quelques instants. Si vous le pouvez, tamisez la lumière ou fermez les yeux et concentrez-vous sur l'inspiration et l'expiration pour soulager la tension.

Dans la section suivante, vous apprendrez plusieurs façons spécifiques d'évacuer le stress grâce à des techniques de respiration qui peuvent vous calmer rapidement. Essayez ces techniques au bureau, pendant la pause déjeuner ou lorsque vous avez simplement un moment de calme au cours de la journée. Ces exercices ne prennent pas beaucoup de temps, donc tout le temps que vous pouvez leur consacrer dans votre journée peut vous aider à vous détendre.

Exercices de respiration consciente

L'idée de se concentrer sur la respiration peut parfois ressembler à un exercice ennuyeux et futile. Nous restons assis, inspirant et expirant, tout en essayant de concentrer notre attention sur notre respiration. Combien de fois vous êtes-vous senti distrait et vaincu par cet exercice ? Après tout, l'esprit est fait pour penser, et il veut avoir quelque chose à faire à tout moment de la journée pendant que nous sommes conscients.

Pour atténuer le stress que vous avez pu ressentir dans le

passé en vous concentrant sur votre respiration, il existe plusieurs façons d'expérimenter la respiration consciente pendant la méditation ou d'autres activités.

L'une des idées de respiration consciente consiste à compter silencieusement de un à dix à chaque inspiration. Cela permet à l'esprit de se concentrer sur une activité simple, mais centrée sur une seule tâche. Une fois que vous avez atteint le chiffre dix dans votre esprit, vous pouvez compter à rebours de dix à un tout en synchronisant le chiffre avec chaque respiration. Faites-le aussi longtemps que nécessaire afin de placer votre concentration quelque part tout en éliminant les pensées sérieuses et inutiles de votre esprit.

Selon la *Harvard Business Review*, l'ajout d'exercices de focalisation tout au long d'une journée de travail peut améliorer la productivité et l'attention lorsqu'il s'agit de planifier, d'organiser ou de créer, ce qui permet aux employés de mieux se concentrer. En outre, les deux compétences qui définissent la pleine conscience sont la "concentration" et la "conscience", car ces domaines permettent de s'éloigner des interruptions de l'esprit (Hougaard & Carter, 2016).

Pratiqués à la maison et au bureau, les exercices de pleine conscience, comme la respiration consciente, permettent de faire le vide dans la journée, de sorte que le reste de la journée se déroule de manière utile et efficace.

Respiration d'ancrage

Un type de respiration consciente à essayer sur le lieu de travail et en dehors est la technique de la respiration d'ancrage. Ce type de respiration permet à une personne de concentrer pleinement ses pensées sur sa respiration, ou d'"ancrer" ses pensées de manière à ce que l'esprit soit absorbé dans un scénario qui mène à un résultat serein (Celestine, 2020). Vous pourriez imaginer que vous vous détendez sur une serviette douce à la plage par une chaude journée d'été. Vous sentez le sol sous vos pieds et vous vous sentez connecté à la Terre. Vous pouvez aussi simplement observer la sensation de la respiration. Vous pouvez vous allonger, fermer les yeux et placer vos mains sur votre ventre. Inspirez et expirez lentement et sentez votre ventre se soulever et s'abaisser au fur et à mesure que vous respirez. C'est votre point d'ancrage. Concentrez-vous sur ce mouvement et inspirez et expirez pendant quelques instants pour vous détendre.

Respiration en boîte

Une méthode connue sous le nom de respiration en boîte vous permet de vous détendre en inspirant, en retenant votre souffle et en expirant pendant un certain nombre de secondes. Cette technique de respiration peut rapidement et facilement apporter un sentiment de paix et de confort à l'esprit. L'exercice peut être pratiqué dans de nombreux endroits, par exemple en étant assis sur une chaise de bureau ou sur un banc public.

En règle générale, la respiration en boîte invite les participants à inspirer pendant quatre fois, à retenir leur souffle pendant quatre fois, à expirer pendant quatre fois et à retenir leur souffle pendant quatre autres fois avant de répéter cette séquence. Cette respiration

La respiration vous permet de vous concentrer sur les chiffres de votre respiration au lieu de vous laisser distraire par votre environnement pendant que vous vous efforcez de calmer votre esprit.

La respiration 4-3-7 et les soupirs cycliques

L'une des techniques de respiration les plus apaisantes est la respiration qui se concentre sur des expirations plus longues.

L'une d'entre elles est la technique de respiration 4-3-7. Cela signifie que vous inspirez pendant quatre secondes, que vous retenez votre souffle pendant trois secondes et que vous expirez pendant sept secondes. Il existe d'autres variantes quant au nombre de secondes pendant lesquelles une personne peut respirer, retenir son souffle et expirer, mais je trouve que la méthode 4-3-7 fonctionne bien pour relâcher les tensions tout en libérant une respiration profonde. Pendant que vous effectuez cet exercice, imaginez votre ventre comme un ballon que vous essayez de dégonfler autant que possible en expirant l'air dans vos poumons. Répétez cette technique de respiration pendant quelques minutes au travail ou à la maison pour apaiser votre esprit ou avant de passer à une nouvelle activité.

Une autre méthode est le soupir cyclique, également appelé soupir physiologique. Avec le soupir cyclique, inspirez d'abord à fond, puis prenez une autre bouffée d'air ; il peut être utile de sentir les côtés de vos côtes se dilater davantage avec cette bouffée d'air supplémentaire. Ensuite, expirez lentement et longuement. La méthode des soupirs cycliques s'est également avérée efficace pour améliorer l'humeur et réduire le stress (Balban et al, 2023).

J'ai trouvé ces deux méthodes de respiration, qui se concentrent sur des expirations lentes et prolongées, efficaces et faciles à partager dans ma pratique clinique.

Idées de productivité en pleine conscience

Bien que tout travail puisse connaître des hauts et des bas, il est nécessaire de s'appuyer sur des outils qui vous aideront à vous sentir plus détendu et plus productif chaque jour. Il est prouvé que la pratique de la pleine conscience peut aider les individus à

Les pratiques de la pleine conscience peuvent être utilisées sur le lieu de travail et conduire à des résultats tels que des comportements sociaux positifs, l'authenticité, la créativité et le leadership (Rupprecht et al., 2019). Lorsque nous investissons dans des pratiques de pleine conscience et que nous nous appuyons sur celles-ci pour nous guider tout au long de notre journée, nous ouvrons notre esprit à davantage d'opportunités.

Les idées suivantes peuvent vous permettre de vous adonner à des pratiques de pleine conscience avant, pendant ou après le travail, alors n'ayez pas peur d'essayer quelque chose de nouveau.

- Restez ouvert d'esprit avec les autres au travail. Évitez de juger leur travail ou leur situation.
- Explorez de nouvelles idées au travail avec vos collègues en posant des questions, en organisant une réunion de marche ou en recherchant le mentorat d'une personne que vous admirez dans votre profession.
- Créez un espace calme et tranquille pour vous, quel que soit l'endroit où vous travaillez (à la maison ou au bureau, à l'extérieur ou à l'intérieur).
- Fixez une heure pour terminer votre travail chaque jour. Mettez un point d'honneur à "clore votre journée de travail" et recommencez le lendemain.
- N'oubliez pas de vous éloigner régulièrement de votre écran, toutes les 30 à 45 minutes, et de bouger votre corps. Faites une promenade, des étirements, préparez une boisson chaude - cela vous aidera à réinitialiser votre esprit pour qu'il soit prêt à se remettre à la tâche.

- Créez une liste de priorités au début de chaque semaine et planifiez ce qui doit être fait quand - tout ce qui n'est pas urgent peut être mis sur une liste séparée à traiter si vous avez le temps après les tâches urgentes.
- Ajoutez une pratique de gratitude à votre journée de travail. Réfléchissez à trois aspects de votre travail, de votre entreprise, de votre secteur d'activité ou de vos collègues dont vous êtes reconnaissant.
- Encouragez-vous et encouragez les autres à participer à des activités d'autosoins, tant au travail qu'en dehors. Cela permet de favoriser une culture qui valorise l'autosoin.
- Préparez des déjeuners et des en-cas sains pour le travail, qui ne vous rendront pas léthargique tout au long de la journée.
- Fixez une intention au début de chaque journée de travail. Qu'espérez-vous accomplir ?
- Faites une petite pause de méditation au travail (trouvez un endroit calme et utilisez des écouteurs pour bloquer le bruit si nécessaire).
- Réalisez que certains jours de travail seront meilleurs que d'autres. Il y aura des défis et des échecs.
- Utilisez une chaise confortable pour travailler (si vous êtes assis dans le cadre de votre travail).
- Limitez le multitâche dans la mesure du possible.
- Réglez les alarmes de votre téléphone pour faire des "pauses méditation" (ne serait-ce que quelques minutes à la fois).
- Recherchez une aide professionnelle si nécessaire. Parlez à votre supérieur si les choses deviennent trop lourdes et parlez à un conseiller des problèmes de stress liés à l'emploi.
- Écoutez activement les autres au travail. Demandez aux autres de faire de même.
- Recherchez des opportunités de croissance (continuez à apprendre même si vous avez fait le même travail pendant longtemps).
- Respectez les autres. Vous constaterez que les autres vous respecteront également.

- N'attendez pas pour parler à vos collègues d'un travail bien fait. Remerciez les gens pour leur travail, même s'il s'agit de petites tâches, et vous remarquerez bientôt que les gens feront de même pour vous.
- Si vous travaillez à domicile, créez une tâche de "transition" pour signifier à votre esprit et à votre corps que la journée de travail est terminée. Cette tâche pourrait
- que ce soit en se promenant, en se préparant un thé, en mettant sa musique préférée - tout ce qui peut favoriser la déconnexion.
- Limitez dans le temps les conversations sur le travail en dehors du travail lorsque vous êtes en société, que ce soit avec des collègues de travail ou d'autres amis ou membres de la famille. Fixez une limite de temps pour que chacun ou l'autre puisse parler du travail, afin que celui-ci ne domine pas toutes les autres bonnes choses que vous avez à partager et à évoquer.
- Créez des incitations et des récompenses pour les tâches accomplies.
- Reconnaissez et appréciez la routine de votre journée (boire un café, assister à une réunion matinale, déjeuner régulièrement).
- N'ayez pas peur de changer d'emploi (ou de carrière) si quelque chose ne vous convient pas. Demandez des conseils sur la manière de passer à autre chose.

NB : Les idées d'autosoins ci-dessus aident à préparer votre cerveau et votre corps à des pratiques régulières de méditation de pleine conscience. Vous trouverez en annexe des audioguides gratuits sur les méditations de pleine conscience. Utilisez ces audioguides en même temps que les pratiques d'autosoins ci-dessus, alors que vous vous lancez dans votre "année de la pleine conscience".

Principaux enseignements

N'oubliez pas que le travail, sous quelque forme que ce soit, n'est pas toujours facile, mais avec des stratégies supplémentaires pour la santé du cerveau, vous pouvez utiliser ces outils à la fois dans et en dehors de votre journée de travail pour avoir un sentiment de contrôle et de détente.

- Évaluez ce que vous considérez comme du "travail" au

cours de votre journée. Quels sont les emplois que vous avez acceptés dans votre vie ?

- Identifiez les facteurs de stress auxquels vous êtes confronté chaque jour au travail. Dressez-en la liste. Déterminez ce qui relève du stress physique, émotionnel ou organisationnel.

- Cherchez à comprendre ce qui vous fait vous sentir défié, positif, négatif, seul, puissant, ou toute autre émotion pendant votre séjour à l'étranger.
- journée de travail. En connaissant vos sentiments au travail, vous pouvez ajouter des pratiques de pleine conscience dans les moments de stress.

- Grâce à des exercices de respiration consciente tels que l'ancrage, la boîte, le 4-3-7 et le soupir cyclique, vous pouvez utiliser des techniques rapides et apaisantes qui sont pratiques pour soulager les tensions pendant la journée de travail.

Comme vous le savez, le stress peut avoir un effet d'entraînement dans d'autres domaines de la vie. Les émotions difficiles ne se manifestent pas seulement sur le lieu de travail, mais aussi à la maison, ce qui a des conséquences néfastes sur notre corps. En cas de stress, l'une des zones les plus vulnérables est notre système digestif. Dans le prochain chapitre, nous examinerons le rôle important d'une bonne digestion dans notre vie.

Chapitre 9 :

La digestion et vous - Une approche attentive de la gestion du poids

Vous voilà à nouveau confronté à la décision de savoir quoi manger. Vous pourriez choisir quelque chose de sain, mais vous êtes affamé et vous avez l'impression que les légumes et les fruits ne vous rassasieront pas. Vous pourriez vous arrêter à votre pizzeria préférée en rentrant du travail, mais est-ce le meilleur choix aujourd'hui ? Cela vous fera-t-il du bien d'engloutir toutes les parts en 10 minutes tout en regardant la télévision ?

Pourquoi avons-nous toujours l'impression de n'avoir que quelques instants pour prendre un repas du début à la fin ? Sommes-nous tellement occupés au cours de la journée que nous ne pouvons pas prendre le temps de nous asseoir et de manger ? Si vous vous dites : "Oui, je suis vraiment très occupé !", je suis avec vous. je suis tout à fait d'accord avec vous.

Si adopter une approche consciente de l'alimentation semble impossible, nous pouvons tous prendre le temps de le faire, il suffit de savoir comment. La sempiternelle question de savoir quoi manger stresse souvent les individus et les familles, les poussant à choisir des repas rapides et malsains qui entraînent des problèmes de poids, des maladies et des troubles gastro-intestinaux. Ce que nous ignorons souvent, cependant, c'est l'importance du lien entre la digestion et nos émotions.

Il est temps de prendre le contrôle des aliments que vous consommez en faisant des choix plus réfléchis. Vous avez déjà commencé à apprendre à le faire en reconnaissant les autres domaines de votre vie qui ont besoin d'une plus grande attention. Dans ce chapitre, vous découvrirez des méthodes non contraignantes pour améliorer votre conscience alimentaire afin de manger en toute conscience et de prendre soin de votre corps et de votre esprit.

Manger en pleine conscience

Commençons cette conversation en synthétisant l'idée de base de la pleine conscience présentée dans ce livre jusqu'à présent. Si vous avez remarqué une chose à propos de la pratique, c'est peut-être celle-ci : il ne s'agit pas d'un processus qui doit être précipité. Prenez vraiment le temps d'y réfléchir. La méthode la plus rapide est-elle toujours la meilleure ? Nous avons tendance à le penser dans cette société où l'on mange ou l'on est mangé, où l'on atteint le sommet en premier, mais en fin de compte, la lenteur et la régularité sont payantes, en particulier dans les pratiques de pleine conscience.

La pleine conscience exigeant qu'une personne se concentre sur sa conscience et sa situation actuelle, la pratique de l'alimentation en pleine conscience est étroitement liée à cette intention. Le fait de choisir de manière réfléchie ce que l'on mange et de s'asseoir pour absorber lentement le processus d'alimentation crée une expérience globale plus attentive. "L'alimentation en pleine conscience encourage à faire des choix qui seront satisfaisants et nourrissants pour le corps. Cependant, il est déconseillé de "juger" les comportements alimentaires d'une personne, car il existe différents types d'expériences alimentaires" (Harvard School of Public Health, 2020).

En gardant cela à l'esprit, pensez au nombre de fois dans votre vie où vous vous êtes dit : "Je me déteste pour avoir mangé ça". L'idée de manger en pleine conscience n'est pas un laissez-passer pour manger tout ce que vous voulez, mais elle vous incitera à vous arrêter et à vous poser davantage de questions avant de consommer votre nourriture. Pour commencer à mettre cela en pratique la prochaine fois que vous aurez faim, arrêtez-vous un instant et posez-vous la question :

- Ai-je faim ou m'ennuie-je ?
- Pourrais-je trouver une activité qui me permettrait de ne pas manger ou ai-je vraiment besoin de nourriture à ce moment-là ?
- Quels sont les aliments qui me permettront de me sentir en bonne santé et plein d'énergie dans trois heures ?

En prenant conscience de vos sentiments à l'égard de la situation, vous éliminez le processus rapide et irréfléchi qui consiste à s'empiffrer rapidement juste parce qu'on le peut ou parce qu'on pense qu'on n'a pas d'autre choix.

L'alimentation consciente découle de la philosophie plus large de la pleine conscience, une pratique très répandue, vieille de plusieurs siècles, utilisée dans de nombreuses religions. La pleine conscience consiste à se concentrer intentionnellement sur ses pensées, ses émotions et ses sensations physiques dans le moment présent" (Harvard School of Public Health, 2020). En gardant le moment présent au premier plan, vous vous dotez automatiquement d'une capacité incroyable lorsque vient le moment de préparer et de prendre un repas ou une collation. Après avoir pris conscience de la sensation de faim que vous ressentez, décidez des aliments qui vous conviennent à ce moment-là. Si, à l'occasion, un cheeseburger ou une crème glacée vous conviennent avec modération, le choix d'une option plus saine peut vous satisfaire tout autant et vous permettre de tenir le coup plus longtemps.

Il s'agit de commencer lentement et consciemment à envisager les aliments différemment. Considérez tous les aspects d'un repas, du début à la fin. Pensez à l'origine des aliments, au plaisir que vous éprouvez ou non à manger les aliments que vous avez choisis, et à ce que votre corps ressentira après avoir mangé. Lorsque nous prenons le temps de réfléchir, nous ralentissons le processus auquel nous nous sommes habitués et nous avons la possibilité d'apprécier les aliments que nous mangeons.

Je sais ce que vous pensez. Vous vous demandez peut-être comment il est possible de "ralentir" quoi que ce soit alors que, la plupart du temps, vous vous efforcez de vous maintenir sur la bonne voie, et peut-être même de maintenir les autres sur la bonne voie. Comme pour tout objectif à long terme, commencez modestement. Vous n'avez pas besoin de déraciner toute votre existence et de tout changer dans la façon dont vous avez toujours mangé, mais vous pouvez entamer le processus en prenant conscience de vos habitudes alimentaires. Le simple fait de regarder de plus près quand vous mangez et comment vous mangez peut vous en apprendre beaucoup sur vos habitudes.

L'une des principales étapes de la sensibilisation aux habitudes alimentaires saines consiste à prêter davantage attention aux aliments que nous consommons. Lorsque vous faites vos courses ou que vous choisissez vos repas au restaurant, il est important de prendre le temps de réfléchir aux différentes options qui s'offrent à vous. Réfléchissez à ce qui vous satisfera le plus et améliorera votre expérience alimentaire. Certains jours, vous devrez peut-être vous laisser tenter par des aliments qui ne sont pas aussi sains que d'autres, mais essayez de le faire en pleine conscience et utilisez vos sens pour découvrir les aliments. Ralentissez votre processus de consommation en prenant le temps de regarder et de sentir la nourriture. Attendez plusieurs minutes avant de le goûter. Appréciez la façon dont les aliments ont été préparés pour vous ou la façon dont vous avez préparé le repas que vous êtes en train de manger à savourer. L'utilisation des sens physiques et émotionnels pour apprécier la nourriture vous permet d'avoir une expérience beaucoup plus consciente de l'alimentation, de sorte que vous pouvez rester dans le moment présent tout en mangeant plutôt que de réagir à votre état de faim (Harvard School of Public Health, 2020).

Gestion du poids

Lorsque vous apprenez à manger en pleine conscience, pensez à vous renseigner sur les options alimentaires saines qui peuvent permettre à votre corps de se sentir au mieux de sa forme. Je crois fermement que l'alimentation consciente peut conduire à des choix alimentaires plus sains. Même si les idées présentées dans cette section n'ont pas nécessairement pour objectif la perte de poids, elles vous donneront des conseils qui pourraient vous permettre de perdre du poids en mangeant lentement et consciemment des aliments plus sains.

Les idées présentées ici visent à encourager la gestion du poids par la création d'habitudes et de routines saines. "Des études d'intervention ont montré que les approches fondées sur la pleine conscience peuvent être un outil efficace dans le traitement de comportements défavorables tels que l'alimentation émotionnelle et l'hyperphagie, qui peuvent conduire à la prise de poids et à l'obésité" (Harvard School of Public Health, 2020). En commençant dès aujourd'hui à inculquer des habitudes alimentaires saines, vous ouvrez la voie à un processus de croissance consciente pour vous-même. Il n'est pas facile de décider quoi manger tout en gardant à l'esprit ce que vous devriez manger, mais créer consciemment des opportunités pour que votre cerveau prenne des décisions réfléchies sur la nourriture aide à renforcer une meilleure approche de l'alimentation.

Lorsque vous faites des choix alimentaires conscients, n'oubliez pas de.. :

- Planifiez des habitudes alimentaires.

- Évitez les grignotages excessifs, mais mangez quand vous avez faim.

- Conservez des aliments sains à la maison et au travail.

Le fait d'avoir une routine en matière d'alimentation peut vous permettre de ne pas paniquer en pensant à la date de votre prochain repas.

Lorsque vous quittez la maison, pensez à emporter un en-cas sain afin de ne pas vous retrouver sans rien à manger.

Pour certains, sauter des repas peut conduire à une faim excessive et à une suralimentation, ce qui peut entraver les efforts d'une alimentation plus consciente. Cependant, il est également important de prendre la décision de manger parce que vous avez faim et de ne pas vous forcer à prendre une collation juste parce que vous pensez que vous devez le faire. Envisagez de planifier à l'avance des collations ou des repas faciles et sains à prendre lorsque vous avez faim.

Enfin, le fait de conserver des aliments sains dans votre garde-manger et votre réfrigérateur peut vous éviter de prendre des décisions difficiles lorsque vous avez faim. Essayez de vous préparer un déjeuner avant de quitter la maison pour aller travailler, et incluez-y des aliments qui vous rassasieront plus longtemps. Des fruits frais, des légumes, une protéine saine comme des haricots, du beurre d'arachide ou du houmous, et une céréale comme des craquelins de grains entiers ou des pâtes peuvent vous aider à garder votre énergie tout au long de la journée (Harvard T.H. Chan School of Public Health, 2019).

Préparer des repas pour la semaine à l'avance, par exemple le week-end, peut également ajouter un élément de vigilance à votre alimentation. Si vous achetez les ingrédients et préparez des paniers-repas sains pour la semaine à venir, vous passerez probablement plus de temps à réfléchir aux aliments que vous devriez ingérer plutôt qu'à manger rapidement des fast-foods parce que vous manquez de temps dans la journée. Si vous avez une famille, envisagez de faire de la préparation des repas une activité à laquelle vous pouvez tous participer le week-end pour vous aider mutuellement à faire une pause et à réfléchir à ce que vous aimeriez manger tout au long de la semaine.

Des idées pour manger sainement en pleine conscience

Pratiquer la pleine conscience en mangeant découle d'une prise de conscience de l'expérience de l'alimentation en considérant ce qui est le mieux pour notre corps. Commencez à écouter lorsque vous vous sentez rassasié, malade ou affamé afin de pouvoir faire des choix appropriés lorsqu'il s'agit de manger et de vivre mieux. "La combinaison de stratégies comportementales telles que la formation à la pleine conscience et les connaissances en matière de nutrition peut conduire à des choix alimentaires sains qui réduisent les risques de maladies cardiovasculaires.

risque de maladies chroniques, promouvoir des repas plus agréables et favoriser une image corporelle saine" (Harvard School of Public Health, 2020). En comprenant vos habitudes alimentaires actuelles, vous pouvez prendre des décisions plus éclairées sur la manière dont vous souhaitez préparer et prendre vos repas chaque jour.

Les idées suivantes pour une alimentation saine peuvent vous aider à réfléchir aux aliments et à prendre de nouvelles habitudes.

- Ralentissez lorsque vous mangez ou buvez.
- Créez un "programme alimentaire" et tenez-vous-en à ces horaires.
- Mordez et mâchez lentement et soigneusement.
- Pensez à la source de vos aliments. D'où viennent les produits ? Sont-ils naturels ? Le processus de fabrication aide-t-il ou nuit-il à la planète ?
- Faites des recherches sur les restaurants que vous fréquentez et les aliments que vous achetez.
- Pensez toujours à la façon dont votre corps se sentira après avoir consommé les aliments que vous choisissez.
- Dans la mesure du possible, évitez de manger sur le pouce ou dans la voiture. Faites du repas un événement et asseyez-vous à une table pour savourer votre repas.
- Mangez des légumes avant le reste du repas.
- Consommez au moins un légume vert par jour.
- Lorsque vous avez faim, arrêtez-vous un instant pour

réfléchir aux aliments qui vous rassasieraient le plus.
- Inspirez et expirez après chaque bouchée.
- Préparez plus de repas à la maison.
- Discutez avec d'autres personnes des astuces qu'elles utilisent pour préparer des repas sains.
- Si possible, évitez d'avoir trop faim ou d'être trop rassasié.
- Préparez et emportez des en-cas sains lorsque vous voyagez (fruits secs, noix, légumes).
- Buvez beaucoup d'eau chaque jour pour rester hydraté.
- Demandez-vous si vous mangez par ennui, par exemple : "Ai-je faim ?".
- Évitez de regarder la télévision ou un film en mangeant.
- Rangez votre téléphone pendant les repas.
- Mangez en famille et entre amis. Savourez l'expérience.
- Si vous faites des excès, ce n'est pas la fin du monde. Essayez de ne pas vous sentir coupable et essayez simplement de recommencer.
- Utilisez vos sens pour découvrir l'aspect, l'odeur, le son, le toucher et le goût de chaque aliment que vous goûtez.
- Cuisinez et essayez de nouveaux aliments que vous n'avez jamais mangés auparavant (nos palais ont besoin de variété).
- Appréciez les aliments que vous pouvez manger (pratiquez la gratitude).
- Tenez un journal alimentaire sur les aliments préférés que vous avez mangés au cours d'une journée, d'une semaine ou d'un mois. Décrivez ce que vous avez ressenti en mangeant ces aliments.
- Posez vos ustensiles entre chaque bouchée. Prenez le temps de manger.
- Évaluez les aliments qui vous permettent de vous sentir au mieux de votre forme et ceux qui vous rendent malade ou vous fatiguent.
- Prenez conscience que votre expérience alimentaire est unique. Trouvez des aliments qui vous satisferont sainement.

NB : *Les idées d'autosoins ci-dessus aident à préparer votre cerveau et votre corps à des pratiques régulières de méditation de pleine conscience. Vous trouverez en annexe des audioguides gratuits sur les méditations de pleine conscience. Utilisez ces audioguides en même temps que les pratiques d'autosoins ci-dessus, alors que vous vous lancez dans votre "année de la pleine conscience".*

Principaux enseignements

Il peut être difficile pour beaucoup de se concentrer sur une seule tâche à la fois, mais il s'agit d'une étape essentielle de l'alimentation consciente. Lorsque vous êtes capable de ralentir, de réfléchir et de prendre des décisions plus claires en matière d'alimentation, vous êtes en mesure de vous concentrer sur ce dont vous avez vraiment besoin et d'éliminer les distractions préjudiciables.

- Prenez des décisions alimentaires en pleine conscience en ralentissant le processus de préparation et de consommation des repas. Absorbez l'expérience globale de l'alimentation.

- Lorsque vous décidez quand et quoi manger, demandez-vous si vous avez faim ou si vous vous ennuyez, si une autre activité pourrait vous faire oublier de manger, et si les aliments que vous choisissez reconstitueront les nutriments et donneront de l'énergie à votre corps.

- Pensez à emporter des en-cas et des repas sains lorsque vous quittez la maison. Prévoyez des moments pour manger tout au long de la journée afin de ne pas avoir trop faim.

Comme les décisions concernant l'alimentation doivent s'adapter à votre mode de vie, n'oubliez pas d'établir un programme pratique pour vous. Les jours de grande affluence ou lorsque vous êtes stressé, essayez de prendre quelques respirations profondes et de penser à ce qui vous fera le plus grand bien à ce moment-là. Commencez à écouter cette voix intérieure qui vous guidera également dans d'autres domaines de la pleine conscience.

Le chapitre suivant vous aidera à vous concentrer sur un aspect de la vie avec lequel de nombreuses personnes sont aux prises lorsqu'elles sont stressées. Le processus de sommeil présente des défis, mais apprendre à entraîner le cerveau avec des pratiques conscientes pour préparer une routine de sommeil saine nous met sur la bonne voie vers la guérison.

Chapitre 10 :

Dormir en paix et dans un but précis

Lorsque vous étiez plus jeune, parveniez-vous à vous endormir assez facilement ? Vous faisiez la sieste pendant les longs trajets en voiture sur la banquette arrière ou vous vous endormiez dans les bras de vos parents au restaurant ? La capacité à faire facilement la sieste change radicalement avec l'âge. Bien que nous soyons conscients de l'importance du sommeil, nous avons tendance à découvrir de nouvelles formes de sommeil à l'adolescence. Les habitudes de sommeil que nous prenons pendant ces années ne nous rendent pas service en vieillissant et peuvent souvent ouvrir la voie à de mauvaises habitudes de sommeil dans la vingtaine et au-delà.

La mise en place d'une routine du coucher dès l'enfance aide les individus à prolonger cette pratique tout au long de la vie, en permettant le développement de schémas appropriés pour s'endormir, rester endormi et rester alerte tout au long de la journée dès la petite enfance (Pacheco & Callender, 2021). Cependant, à l'adolescence et à l'âge adulte, nous oublions cela et pouvons considérer l'acte de veiller plus tard comme excitant. Après tout, nous avons l'impression d'être plus productifs parce que nous accomplissons plus d'activités si nous limitons notre sommeil, n'est-ce pas ? À un moment donné, cependant, le manque de sommeil nous rattrape et nous devons améliorer nos habitudes de sommeil pour rester en bonne santé.

Des habitudes de sommeil saines peuvent avoir un impact sur la mémoire de travail, les capacités cognitives, l'humeur et l'attention en général. Il n'est pas surprenant d'entendre que la capacité à réguler les niveaux de stress est liée à des habitudes de sommeil positives, mais nous ne comprenons peut-être pas comment les changer si nous avons pratiqué de mauvaises habitudes de sommeil pendant si longtemps. L'introduction de la pleine conscience peut modifier la façon dont nous percevons ce processus et nous aider à profiter de meilleures nuits de sommeil.

Pourquoi dormir ?

Nous savons que nous avons besoin de sommeil, mais pourquoi est-il si important pour notre corps et notre cerveau de dormir régulièrement tout au long de notre vie ? Notre corps et notre esprit sont bien plus intelligents que nous ne le pensons. Par exemple, vous êtes-vous déjà fié à votre mémoire musculaire pour une séance d'entraînement ou une chorégraphie ? Vous serez surpris de constater à quel point votre corps et votre cerveau sont liés et à quel point la pratique au fil du temps améliore nos capacités dans presque tous les domaines. Je m'en doutais lorsque j'ai commencé à chercher à mieux dormir, mais je ne m'attendais pas à ce que le fait de calmer mon esprit et mon corps pendant mon sommeil améliore également ma capacité d'apprentissage et de mémorisation.

Permettre à notre corps de dormir régulièrement offre également d'autres avantages pour notre esprit. Matthew Walker, qui a fait un travail considérable pour promouvoir le sommeil auprès du public et a écrit un livre éloquent intitulé "Why We Sleep" (2018), a partagé ceci en 2006 :

> Cet effet "hors ligne" peut restaurer des souvenirs précédemment perdus ou produire un apprentissage supplémentaire, dans les deux cas sans qu'il soit nécessaire de s'exercer à nouveau. En d'autres termes, la phase d'amélioration de la consolidation de la mémoire est un processus actif, et non une simple maintenance ; le cerveau continue d'apprendre même s'il a cessé de s'exercer.

Lors de l'examen des fonctions cognitives du cerveau, nous avons évoqué le fait que, lorsqu'il est inconscient, le cerveau n'a pas autant d'occasions de s'accrocher à de nouvelles informations. Cette idée est toujours valable, mais le cerveau endormi révèle beaucoup de choses que nous pouvons apprendre sur la façon dont nous agissons et fonctionnons chaque jour. Un manque de sommeil régulier augmente le risque de maladies et de troubles tels que les maladies cardiaques et la démence et, en outre, l'humeur en général est affectée, explique le Dr Marisha Brown, experte en sommeil du National Institute of Health (Wein, 2021).

Si les siestes réparatrices peuvent aider à gérer le sommeil pendant de courtes périodes, les dommages causés par un manque constant de sommeil entraînent des problèmes à long terme. Étant donné que notre sommeil agit sur les hormones, le métabolisme et le système immunitaire, il est suggéré que l'adulte moyen a besoin d'au moins sept heures de sommeil en vingt-quatre heures (Semeco, 2017). Lorsque nous ne dormons pas autant, nos fonctions cognitives sont perturbées et il peut être difficile de s'en remettre. Pensez à la dernière fois où vous avez mal dormi et à la façon dont vous vous êtes senti le lendemain. Votre bien-être mental tout au long de la journée a peut-être été plus négatif que d'habitude, et vous avez peut-être commis plus d'erreurs.

Comme vous le savez, votre mémoire vous aide à fonctionner au travail, dans des situations sociales et de manière autonome lorsque vous êtes seul. Lorsque la mémoire est affectée par un manque de sommeil, le processus actif de rappel des informations ne peut pas établir autant de connexions importantes dans le cerveau. Par exemple, lorsque nous manquons régulièrement de sommeil pendant de longues périodes au cours de la vingtaine, nous risquons d'oublier des tâches simples tout au long de la journée. Nous pouvons oublier de sortir les poubelles ou de rappeler un ami au téléphone - des choses qui semblent être des oublis mineurs, mais le fait d'oublier plusieurs de ces petites tâches s'accumule rapidement. Cela peut nous donner l'impression de perdre le contrôle au cours de la journée, mais nous ne faisons peut-être pas le lien entre le manque de sommeil et nos oublis.

Avec l'âge, notre horloge interne se modifie et nous avons tendance à dormir moins longtemps en raison du rythme circadien de notre corps (Walker 2018). Cette situation peut s'avérer stressante, mais il existe des moyens d'obtenir une bonne nuit de sommeil sans se sentir accablé. Grâce à des pratiques attentives et apaisantes, il est possible de rééduquer le corps pour qu'une routine de sommeil positive devienne une priorité.

La pratique de l'apaisement

Bien que vous soyez probablement conscient de l'importance du sommeil, vous avez peut-être encore du mal à trouver des occasions de dormir régulièrement, car c'est l'un des aspects de la vie qui fluctue. Vous êtes très occupé pendant la journée et vous avez besoin de passer plus de temps le soir pour rattraper les tâches ménagères ou le travail. Vous vous couchez plus tard le week-end, car c'est peut-être votre seule occasion de le faire. Il se peut même que vous fassiez l'effort de vous coucher plus tôt certains soirs, pour ensuite rester au lit pendant des heures, frustré de ne pas pouvoir vous endormir.

Il est temps de mettre fin aux nuits blanches en créant une routine de calme avant, pendant et après le sommeil. Il est important de ne pas oublier de consulter un médecin si vous pensez avoir essayé toutes les méthodes pour vous endormir rapidement et profondément, car il peut y avoir d'autres problèmes à régler, mais pour la plupart des gens, l'incorporation de quelques pratiques essentielles en matière de sommeil améliorera le repos. Pour en savoir plus, accédez au contenu bonus en annexe.

Intégrer des activités physiques et mentales

Chaque jour, il est important de stimuler le corps et l'esprit. L'exercice n'est pas seulement destiné au corps, il permet également à l'esprit de participer à une activité rigoureuse qui l'aidera à dormir le soir. L'activité physique de votre choix n'a pas besoin d'être épuisante, à condition qu'elle vous mette au défi d'une manière nouvelle et intéressante. Par exemple, de simples étirements avant le coucher peuvent améliorer le sommeil. La marche, le jogging, les poids et haltères ou le vélo sont autant d'occasions de brûler l'énergie que notre corps emmagasine afin d'être plus fatigué le soir. En outre, essayez de ne pas faire d'exercice tard dans la nuit, car cela a un impact sur le cycle du sommeil et le rythme circadien de l'organisme. Il est préférable de faire de l'exercice le matin afin de stimuler l'esprit et le corps pour le reste de la journée. Vous n'avez pas à vous forcer à participer à une activité que vous n'aimez pas, mais essayez de créer un programme d'entraînement hebdomadaire avec les activités que vous ferez pour que votre énergie physique soit dépensée.

Outre la pratique physique consistant à libérer de l'énergie, notre esprit a souvent besoin d'être sollicité mentalement pour se sentir fatigué le soir. Brûler de l'énergie mentale en jouant à un jeu qui exige de la stratégie, en socialisant avec d'autres personnes, en lisant de nouvelles informations ou en produisant une œuvre artistique permet à l'esprit de se sentir comme s'il avait fait un entraînement cérébral. Supposons que vous soyez déjà très occupé et que vous ayez des tâches à accomplir tout au long de la journée : vous vous sentez peut-être déjà épuisé à la fin de la journée. Dans ce cas, vous n'avez pas besoin d'en rajouter. Dans le cas contraire, envisagez d'ajouter des activités stimulantes pour le cerveau au cours de la journée, afin de faire travailler votre esprit et de lui permettre de se reposer lorsque c'est nécessaire.

Trouver le confort

Tout comme les enfants, les adultes ont besoin d'atmosphères et d'objets douillets et confortables pour favoriser le sommeil. Si vous avez déjà passé la nuit dans un endroit qui vous mettait mal à l'aise, vous savez à quel point il peut être difficile de dormir. L'objectif de la recherche du confort pour le sommeil est de rendre l'environnement physique et l'atmosphère esthétique aussi confortables que possible afin que vous puissiez calmer votre esprit et dormir. Faites de votre lit un lieu de détente, et faites en sorte que l'ensemble de votre chambre à coucher le devienne également. Certains trouvent utile de laisser la télévision et les appareils électroniques en dehors de la chambre à coucher, afin qu'elle devienne un sanctuaire réservé au sommeil et à l'intimité. Vous pouvez envisager cette solution lorsque vous cherchez des moyens de modifier mentalement et physiquement vos habitudes de sommeil pour les améliorer.
Lorsque notre chambre à coucher est douce, sûre et agréable, notre esprit commence à faire le lien avec l'espace de relaxation. Au bout d'un certain temps, vous vous surprendrez peut-être à bâiller ou à vous sentir plus endormi en entrant dans votre chambre à coucher, car cet endroit a une fonction spécifique.

Rangez les appareils électroniques

Comme nous l'avons déjà mentionné, les appareils électroniques ne nous aident pas à préparer notre esprit à dormir. Réglez une minuterie sur votre téléphone au moins une heure avant le coucher pour vous rappeler de vous mettre en "mode sommeil" pour la nuit. Cette idée n'est pas révolutionnaire, mais elle vous rappellera chaque soir de faire du sommeil une priorité pour que votre cerveau le perçoive comme tel. Même le week-end, mettez votre téléphone ou votre ordinateur portable de côté pendant l'heure qui précède le coucher et remarquez à quel point cela peut changer votre capacité à vous endormir. Lire ou écrire avant de se coucher peut également créer un sentiment de calme, ce qui peut être une bonne alternative à l'utilisation d'un téléphone.

Limitez votre consommation de nourriture et d'alcool

Je sais, je sais. Cela n'a rien d'amusant, n'est-ce pas ? Mais en limitant la quantité de caféine, d'alcool et d'aliments que nous consommons avant de nous coucher, nous pouvons nous assurer un sommeil plus réparateur. Si vous avez eu recours à l'alcool pour vous aider à vous endormir, n'hésitez pas à nous contacter.

Si vous vous êtes endormi dans le passé, vous savez que cela a pu fonctionner brièvement, mais vous n'êtes probablement pas resté endormi très longtemps ou n'avez pas bénéficié d'une nuit de sommeil réparateur.

La consommation de caféine dans l'après-midi peut vous donner de l'énergie pour affronter le reste de la journée de travail, mais elle peut nuire à votre capacité à vous endormir à l'heure du coucher. En limitant ou en éliminant la caféine dans l'après-midi, vous vous préparez à une meilleure nuit de sommeil. Matthew Walker explique souvent dans ses interviews que le quart de vie de la caféine est de 12 heures, c'est-à-dire qu'environ 12 heures après avoir consommé une tasse de café, un quart de la quantité de caféine se trouve encore dans votre corps (Walker 2018).

Enfin, le fait de manger ou de trop manger à l'approche de l'heure du coucher peut également vous empêcher d'obtenir le repos complet dont vous avez besoin. Les symptômes d'indigestion et de brûlures d'estomac peuvent empêcher une personne de se réveiller et de se sentir malade alors qu'elle essaie de s'endormir. Il est préférable de finir de manger plusieurs heures avant de se coucher pour éviter que les problèmes digestifs ne vous empêchent de dormir.

Des idées pour mieux dormir

Lorsque vous réfléchissez aux mesures de pleine conscience qui pourraient vous aider à dormir, n'oubliez pas d'essayer des stratégies qui vous aident à vous détendre et à ne pas vous sentir surstimulé avant le coucher. Bien que les idées ci-dessous constituent une liste d'options, écoutez votre corps et votre cerveau lorsqu'ils vous disent de ralentir et de vous détendre. Une nuit de repos peut être réparatrice et thérapeutique, alors essayez de créer une routine apaisante qui place vos besoins en premier lorsqu'il s'agit de dormir.

- Dormez régulièrement. Couchez-vous à peu près à la même heure chaque soir et réveillez-vous à peu près à la même heure chaque matin, même les jours où vous ne

devez pas quitter la maison tôt. Cela vous aidera à établir une routine.
- Retirez les appareils électroniques de la chambre à coucher pendant la nuit.
- Finissez de manger environ trois heures avant de vous coucher.
- Évitez l'alcool et essayez de ne pas manger au moins trois heures avant d'aller dormir. Ces deux facteurs peuvent entraîner un sommeil irrégulier et perturbé.
- Évitez la caféine, y compris le chocolat, en fin de journée. La caféine et le sucre sont tous deux des stimulants de l'esprit et peuvent donc, comme nous l'avons vu plus haut, perturber le sommeil ou le rendre difficile.
- Méditez avant de vous coucher. Vous trouverez en annexe une pratique guidée gratuite en bonus.
- Prenez un bain ou une douche avant de vous coucher.
- Écoutez de la musique douce et lente le soir.
- Étirez-vous doucement pendant quelques minutes avant de vous coucher.
- Lisez un chapitre d'un livre avant d'essayer de vous endormir.
- Tenez un journal de votre journée avant de vous coucher pour calmer votre système et réfléchir aux événements.
- Mettez votre téléphone en mode veille pour éviter les textes, les appels et les courriels pendant votre sommeil.
- Utilisez un éclairage doux et faible au moins une heure avant le coucher.
- Ne laissez pas vos animaux domestiques s'approcher de
- votre lit pendant que vous essayez de dormir.
- Évitez les siestes après 14 heures.
- Ne forcez pas le sommeil. Si votre esprit est anxieux avant de vous coucher, marchez quelques minutes ou tenez un journal de vos pensées pour vous calmer.
- Évitez de regarder l'horloge lorsque vous êtes au lit.
- Incluez l'exercice dans votre journée, mais ne le faites pas trop près de l'heure du coucher, car cela pourrait perturber le processus de relaxation avant le coucher.
- Portez des vêtements doux et confortables avant de

vous coucher pour créer une atmosphère de confort.
- Allumez une bougie parfumée (mais ne vous endormez pas avec cette bougie allumée) ou utilisez l'aromathérapie pour favoriser le sommeil.
- Trouvez la position de sommeil qui vous convient. Évaluez votre sommeil lorsque vous êtes sur le dos, sur le côté ou sur le ventre. Quelle est la position qui vous permet de vous détendre le plus ?
- Exposez-vous suffisamment au soleil ou à la lumière vive le matin. Cela peut vous aider à passer à une lumière plus faible avant de vous coucher.
- Pratiquez des techniques de relaxation telles que la respiration profonde ou la relaxation musculaire progressive avant de vous coucher pour aider votre esprit et votre corps à se mettre dans un état de calme.
- Visualisez vos lieux de vacances préférés ou des endroits apaisants pendant que vous essayez de vous endormir.
- Recherchez et pratiquez certaines postures de yoga qui favorisent un meilleur sommeil.
- Lorsque vous êtes au lit, essayez de contracter tous vos muscles pendant un moment, puis relâchez-les pour détendre votre corps.
- Portez un pyjama confortable pour vous coucher.
- Essayez d'utiliser une couverture lestée pour vous sentir protégé et en sécurité pendant votre sommeil.
- Changez de matelas ou de literie si vous estimez qu'ils ne sont pas assez confortables pour vous permettre de bien dormir.

NB : *Les idées d'autosoins ci-dessus aident à préparer votre cerveau et votre corps à des pratiques régulières de méditation de pleine conscience. Vous trouverez en annexe des audioguides gratuits sur les méditations de pleine conscience. Utilisez ces audioguides en même temps que les pratiques d'autosoins ci-dessus, alors que vous vous lancez dans votre "année de la pleine conscience".*

Principaux enseignements

À mesure que nous vieillissons, les habitudes que nous avons prises au début de notre vie continuent de façonner notre vie d'adulte, à moins que nous ne prenions le temps de créer de nouvelles habitudes. Les habitudes de sommeil que nous adoptons aujourd'hui peuvent modifier les habitudes antérieures et nous permettre de mieux dormir, ce qui a un impact positif sur la mémoire et la santé.

- En créant une routine quotidienne à l'heure du coucher, nous donnons à notre corps et à notre esprit un modèle à suivre afin de bénéficier d'un sommeil réparateur.

- Des habitudes de sommeil irrégulières peuvent entraîner des risques accrus de maladies.

- Le manque de sommeil peut affecter les fonctions de mémoire du cerveau, y compris le rappel ou la rétention d'informations.

- En s'adonnant en toute conscience à des activités créatives, en aménageant un environnement confortable pour le sommeil, en limitant les appareils électroniques et en réduisant la quantité d'aliments et de boissons consommés avant l'heure du coucher, le cerveau peut se préparer correctement au sommeil.

Puisque vous avez maintenant des idées supplémentaires pour des pratiques de pleine conscience tout au long de la journée et de la nuit, il est temps d'aborder un point qui attire de nombreuses personnes vers une vie de pleine conscience. Les traitements de la douleur sont nombreux et peuvent être frustrants lorsque les options ne fonctionnent pas aussi rapidement que nous le souhaiterions. Dans le chapitre suivant, nous ferons des liens avec les idées de la pleine conscience que vous connaissez maintenant et nous les mettrons en pratique dans le cadre de la gestion de la douleur physique.

Chapitre 11 :

Gestion de la douleur et relaxation du corps

Les défis auxquels nous sommes confrontés quotidiennement peuvent créer des obstacles mentaux, mais nous pouvons améliorer notre capacité à y faire face en pratiquant des techniques de pleine conscience. Mais que se passe-t-il lorsque notre douleur est physique et qu'il est plus difficile de s'en débarrasser ? Que se passe-t-il si nous avons eu recours à des médecins, des chirurgiens et des médicaments, mais que la douleur est chronique et incessante ?

Nombreux sont ceux qui vivent au quotidien avec des douleurs physiques qui semblent impossibles à traiter et qui provoquent un stress émotionnel important. Si vous souffrez actuellement d'une douleur physique chronique, vous comprenez l'impact qu'elle peut avoir sur votre vie. Si vous n'en souffrez pas régulièrement, prenez un moment pour vous rappeler la dernière fois que vous vous êtes froissé un muscle, puis imaginez que cette douleur vous accompagne pendant des années, voire des décennies.

Souvent, la douleur chronique entraîne également des conséquences psychologiques néfastes, telles que la dépression, l'anxiété, la mobilité réduite ou l'isolement (Reid et al., 2015). Bien que les informations contenues dans ce chapitre ne soient pas destinées à remplacer les conseils d'un médecin, elles vous donneront l'espoir que le soulagement et la gestion de la douleur sont possibles grâce à des pratiques de guérison en pleine conscience.

La vérité sur la douleur

"Pas de douleur, pas de gain." "La douleur est une beauté". Dans notre culture, la douleur est souvent associée à quelque chose de positif qui nous mènera à un résultat satisfaisant. Mais beaucoup d'entre nous ont été élevés dans l'idée que la douleur n'est pas une fin en soi.

que pour être important, fort ou apprécié, nous devons rester silencieux dans nos luttes. En réalité, un très faible pourcentage d'individus réussit à vivre de cette manière.

À tout âge, la douleur qui persiste dans le temps pose des problèmes, mais la douleur chronique a tendance à affecter certaines populations de manière plus importante que d'autres - les personnes âgées, les femmes, les personnes ayant subi des traumatismes et les personnes ayant un statut économique inférieur (Reid et al., 2015). Bien que les expériences de la douleur diffèrent d'un individu à l'autre, toute personne cherchant à gérer ou à soulager sa douleur sait ce qu'elle ressent lorsqu'elle est confrontée presque quotidiennement à des revers décourageants. Il devient difficile de vivre la vie comme les autres, et des sentiments contradictoires de jalousie ou de ressentiment à l'égard de ceux qui n'éprouvent pas de douleur peuvent commencer à s'installer.

Comme vous l'avez appris dans les chapitres précédents, le cerveau et le corps ont un lien puissant. Lorsque le discours négatif sur soi s'installe en raison de la douleur, il est difficile de se détacher de ces sentiments. "La nociception est le traitement physiologique qui facilite l'information nocive, qui, à un moment donné du processus, devient l'expérience consciente de la douleur" (Grant & Zeidan, 2019). Au fil du temps, cette négativité stockée est presque impossible à libérer sans l'aide d'une assistance extérieure pour relâcher la tension. C'est là que la pleine conscience peut apporter un soulagement et un soutien.

En intégrant des pratiques de pleine conscience, le cerveau peut trouver des connexions avec des expériences positives, même en cas de douleur chronique. Les chercheurs découvrent que la douleur peut être réduite lorsque les individus ont des attentes positives vis-à-vis d'une expérience (Atlas et al., 2022). Par exemple, si vous vous attendez à souffrir en tombant par terre, vous penserez probablement que vous avez plus mal par la suite que si vous n'abordez pas la chute avec cette idée en tête. Le cerveau change et s'adapte aux circonstances, et l'idée qu'il se modifie en fonction de la positivité ou de la négativité a conduit les chercheurs à tirer des conclusions intéressantes sur la réceptivité du cerveau aux pratiques de pleine conscience.

La pleine conscience et les troubles neurologiques

Alors que le cerveau nous dit souvent d'aller de l'avant et de continuer à travailler à tout prix, il est important de savoir que cette philosophie est contre-productive pour la plupart des individus, en particulier ceux qui souffrent d'un trouble neurologique. La capacité à calmer l'esprit par des exercices de relaxation qui créent une prise de conscience aide à renforcer l'attention du cerveau dans le moment présent, ce qui peut permettre à la douleur ou aux symptômes des troubles neurologiques de se dissiper.

Des études sur l'impact de la pleine conscience sur les personnes atteintes de troubles neurologiques ont indiqué que les pratiques de pleine conscience peuvent améliorer la qualité de vie d'une personne, car le cerveau peut être renforcé comme un muscle (Grant & Zeidan, 2019). Lorsqu'une personne concentre son esprit sur des pratiques telles que le yoga, la méditation ou le tai-chi, elle nourrit son cerveau et lui permet de se concentrer sur une compétence, en le détournant de la douleur et de la négativité. Les participants souffrant de maux de tête, d'épilepsie, de troubles neurodégénératifs, de troubles neurologiques fonctionnels, d'accidents vasculaires cérébraux ou de troubles du mouvement, et même les soignants des personnes atteintes de troubles neurologiques, ont trouvé un soulagement grâce aux techniques de pleine conscience et de méditation (Kraemer et al., 2022). Le résultat de ces études repose sur l'idée que les symptômes associés aux dysfonctionnements neurologiques peuvent être réduits pour améliorer le bien-être général d'une personne. D'autres recherches sont nécessaires pour comprendre et faire connaître les avantages des pratiques de pleine conscience, mais ces résultats apportent l'espoir nécessaire à toute personne souffrant de troubles neurologiques.

Je suis également ravie de vous faire part de mes récentes recherches sur l'utilisation de la pleine conscience en tant qu'intervention thérapeutique pour un trouble neurologique appelé syndrome de la neige visuelle, une affection due à un dérèglement des réseaux cérébraux. Notre étude a montré que huit semaines d'entraînement intensif à la pleine conscience peuvent conduire à des changements dans les réseaux cérébraux, comme le montre l'imagerie par résonance magnétique fonctionnelle (IRMf), et à une amélioration de la condition (Wong et al 2024). Cette étude est également prometteuse en tant que preuve de principe que les interventions de pleine conscience peuvent conduire à des améliorations des conditions neurologiques par le biais de la modification des réseaux cérébraux.

L'espoir d'une prise en charge de la douleur

La douleur chronique met souvent la vie d'une personne entre parenthèses. Des tâches ou des activités simples qu'elle appréciait auparavant peuvent ne plus lui sembler possibles, ce qui provoque du stress mental et de l'angoisse. Cependant, comme nous savons que le cerveau est un organe puissant, nous pouvons maintenant commencer à comprendre, grâce à l'acceptation et à l'engagement, comment nous pouvons retrouver le contrôle que nous avions auparavant.

L'un des meilleurs moyens de soulager la douleur chronique est de s'informer sur le type de douleur que vous ressentez. Demandez des conseils et des explications à des professionnels de la santé et lisez les expériences d'autres personnes présentant des symptômes similaires. Il est fort probable qu'il existe une communauté de personnes qui souffrent de la même douleur ou d'une douleur similaire, alors trouvez du soutien auprès de ces personnes et réalisez que vous n'êtes pas seul dans votre lutte. Parlez aux médecins des options de soulagement de la douleur et restez patient en testant les possibilités qui s'offrent à vous.

Si un professionnel de la santé vous recommande une thérapie physique, n'oubliez pas de rester cohérent avec les exercices que vous êtes encouragé à faire. L'un des moyens les plus rapides de rechuter pendant la convalescence ou en cas de douleur chronique est d'ignorer les pratiques recommandées par les professionnels. Tout en vous donnant le temps de guérir, il est essentiel de faire travailler les muscles proches des sites douloureux afin qu'ils ne s'atrophient pas pendant que vous attendez que la douleur s'estompe. Comme le processus de récupération peut être lent, motivez-vous en vous fixant de petits objectifs pendant cette période et célébrez vos victoires, aussi insignifiantes soient-elles.

Scanners corporels pour la gestion de la douleur

Au chapitre 4, j'ai mentionné mon admiration pour Jon Kabat-Zinn et la façon dont il a introduit la pleine conscience dans le contexte médical. Il a mis au point le programme de réduction du stress basé sur la pleine conscience, qui a aidé de nombreuses personnes à surmonter des douleurs chroniques (Kabat-Zinn, 2013). L'une des composantes de ce programme est la pratique du bodyscan.

La participation à des pratiques de balayage corporel exige une certaine ouverture d'esprit de la part des personnes souffrant de douleurs. Comme vous le savez peut-être en pratiquant le yoga et la méditation, il peut être difficile de se concentrer sur une respiration profonde et d'examiner les pensées du cerveau d'un point de vue objectif. Le balayage corporel demande à une personne souffrant de douleurs de s'engager dans une pratique similaire, mais de se concentrer sur certaines parties du corps pour soulager la pression et l'inconfort.

Le balayage corporel est une pratique de pleine conscience qui consiste à zoomer sur certaines parties de son corps, ce qui permet de faire preuve d'ouverture, de curiosité et de relaxation tout en explorant la douleur. La technique est généralement guidée par une autre personne qui demande à la personne de fermer les yeux et de se concentrer sur l'inspiration et l'expiration profondes et attentives. Après plusieurs minutes, l'animateur guide la personne pour qu'elle concentre son attention sur une zone du corps. Lorsque l'esprit s'égare, le participant est gentiment encouragé à ramener son attention sur le corps. Après plusieurs minutes d'exploration, la personne peut rouvrir les yeux et remarquer ce qu'elle ressent. Selon des recherches neuroscientifiques, le fait de concentrer son attention sur le corps et de respirer de manière répétée contribue à créer de nouvelles voies dans le cerveau, ce qui renforce notre force intérieure et notre résilience (Sevinc et al. 2018).

Thérapie de retraitement de la douleur

Outre les scanners corporels, environ 98 % des personnes qui ont expérimenté la thérapie de retraitement de la douleur ont été soulagées de leurs douleurs dorsales chroniques (Ashar et al., 2021). Grâce à cette méthode, les personnes atteintes ont pu se libérer ou presque de la douleur après seulement quatre semaines de traitement. La thérapie de retraitement de la douleur enseigne aux participants ce que leur cerveau et leur corps ressentent lorsqu'ils ont mal, afin qu'ils puissent modifier leur perception de la douleur et réduire la peur qui l'entoure. Considérez cette méthode comme une sorte de processus de pensée "l'esprit sur la matière". Au fur et à mesure que le patient apprend à mieux connaître la douleur qu'il ressent, cette connaissance lui enlève le pouvoir de la peur de la douleur et lui redonne le contrôle de sa vie.

Idées de pleine conscience pour aider à la gestion de la douleur

Bien que la gestion de la douleur puisse sembler être un processus de toute une vie, il est nécessaire de se rappeler que chaque fois que nous participons à une activité thérapeutique et relaxante pour notre corps, nous relaxons également notre esprit dans le processus. Les idées suivantes vous permettront de soulager vos douleurs tout en prenant soin de votre santé mentale. Une fois que vous avez trouvé une activité qui vous plaît, la répéter peut aider l'esprit à retrouver un lieu de confort, encore et encore.

- Pratiquez des exercices de respiration profonde pour détendre le corps.
- Essayez de faire des étirements quotidiens ou du yoga.
- Effectuez une méditation par balayage corporel. Concentrez-vous sur les endroits où la douleur est ressentie. Imaginez que la douleur s'éloigne du corps. Accédez à mon bonus gratuit de balayage corporel via l'annexe.
- Essayez l'acupression ou l'acupuncture avec un professionnel agréé.
- Frottez votre cou, vos tempes, votre poitrine ou vos pieds avec des huiles essentielles pour vous détendre (la lavande, le romarin, la menthe poivrée et l'eucalyptus sont excellents pour soulager la douleur).
- Prenez un bain chaud. Plongez pendant environ 15 minutes dans une eau dont la température se situe entre 90 et 100 degrés Fahrenheit (32-37 degrés Celsius).
- Si vous souffrez de maux de tête chroniques ou de migraines, essayez d'appliquer des poches de gel froid sur le visage pour vous soulager.
- Renforcez les muscles qui entourent les zones douloureuses.

- Auto-massage des zones douloureuses (pieds, jambes, poignets, muscles de la mâchoire ou du cou).
- Pratiquez le qigong ou le tai chi pour soulager la douleur. Ces deux techniques mettent l'accent sur les mouvements lents du corps afin d'améliorer la concentration et de soulager la douleur.
- Parlez de votre douleur à un thérapeute. La thérapie cognitivo-comportementale (TCC) peut aider à soulager la douleur chronique, car un thérapeute peut aider à changer le point de vue d'une personne sur la douleur.
- Essayez la thérapie des tissus mous. Discutez avec un médecin de cette méthode de gestion des différents types de douleur.
- Pratiquez la relaxation musculaire progressive, une technique qui consiste à contracter puis à relâcher successivement différents groupes de muscles et qui s'est avérée efficace pour réduire le stress et favoriser la relaxation.
- Utilisez des lotions hypoallergéniques apaisantes pour soulager les muscles.
- Évitez la surcharge sensorielle en faisant des pauses fréquentes avec les appareils électroniques.
- Prenez du temps pour vous. Regardez autour de vous et notez votre environnement, les sons ambiants et la façon dont vous vous sentez.
- Distrayez-vous avec un nouveau passe-temps ou une nouvelle activité.
- Renseignez-vous sur votre douleur spécifique. De nombreux hôpitaux proposent des cours ou des ateliers sur les différentes douleurs chroniques.
- Parlez avec les membres de votre famille afin qu'ils soient conscients de votre douleur. Communiquez vos besoins et dites-leur ce que vous ressentez lorsque vous êtes confronté à un épisode douloureux.
- Évitez la fatigue due à la douleur chronique. Essayez de faire une sieste ou de vous reposer avant de vous sentir épuisé.
- Buvez de l'eau pour rester hydraté.
- Essayez une compresse froide que vous pouvez conserver au congélateur. Cette idée est

particulièrement utile pour soulager les maux de tête.
- Buvez une tisane apaisante comme la camomille.
- Prenez l'air chaque jour (sortez !).
- Créez des liens d'amitié avec d'autres personnes souffrant de douleurs chroniques ou participez à un groupe de soutien pour la gestion de la douleur.
- Restez proactif face à votre douleur. N'attendez pas que la douleur soit insupportable pour demander de l'aide.
- Restez positif et gardez l'espoir que votre douleur diminuera ou cessera.

NB : Les idées d'autosoins ci-dessus aident à préparer votre cerveau et votre corps à des pratiques régulières de méditation de pleine conscience. Vous trouverez en annexe des audioguides gratuits sur les méditations de pleine conscience. Utilisez ces audioguides en même temps que les pratiques d'autosoins ci-dessus, alors que vous vous lancez dans votre "année de la pleine conscience".

Principaux enseignements

Lorsqu'une personne peut enfin affronter sa peur de la douleur ou comprendre les types de douleur qu'elle éprouve, la douleur perd son pouvoir sur elle. Dans cette optique, sachez qu'il existe un soutien pour tout type de douleur, physique ou émotionnelle, et qu'il est donc important de demander de l'aide et un traitement le plus tôt possible.

- La douleur physique et la douleur émotionnelle vont souvent de pair. La gestion d'un traumatisme physique, qu'il soit de courte ou de longue durée, est préjudiciable à notre santé mentale.

- La tension musculaire, l'anxiété et la dépression peuvent résulter de la douleur physique, car la douleur chronique persiste dans le corps et l'esprit.

- La pleine conscience soulage les personnes souffrant de douleurs chroniques et permet d'améliorer le mode de vie grâce au soutien et à la relaxation du corps.

- Les médecins peuvent fournir des informations sur les techniques de soulagement de la douleur et les pratiques de pleine conscience les mieux adaptées aux différentes formes de douleur.

- Des méthodes guidées telles que le balayage corporel ou la thérapie de retraitement de la douleur aident les personnes qui souffrent à reconnaître leur douleur et à travailler pour la réduire ou l'éliminer.

- Les pratiques de pleine conscience peuvent soulager les personnes atteintes de troubles neurologiques

Comme l'expérience de la douleur varie d'une personne à l'autre, il est important d'examiner et d'explorer ce qui pourrait vous convenir et répondre à vos besoins. Tout en continuant à prendre soin de soi, n'oubliez pas que tout progrès exige de la constance et de l'endurance, deux qualités que vous apprenez à maîtriser.

Chapitre 12 :

La pleine conscience athlétique

Même si vous ne vous considérez pas comme un athlète, imaginez que vous êtes un nageur expérimenté, debout au bord d'un couloir de natation, sur le point de plonger dans une course contre d'autres nageurs. Vous sentez l'odeur du chlore et vous regardez vers l'extrémité du couloir, où vous devrez nager rapidement. J'y arriverai ! Après tout, vous savez ce que vous faites. Vous vous êtes entraîné pendant des années pour vous sentir en confiance à ce moment précis. Rien ne vous empêche de vivre cette expérience, jusqu'à ce que vous regardiez autour de vous.
Tous les regards sont tournés vers vous.

Vous voyez vos amis et les membres de votre famille derrière vous, et même s'ils vous encouragent, vous ne pouvez pas vous empêcher d'être nerveux. Et si je fais une mauvaise course ? Vais-je décevoir tout le monde ? Pourquoi sont-ils tous là pour me regarder ? Qui suis-je ? Il y a sûrement des tonnes d'autres nageurs qu'ils aimeraient regarder plus que moi ? Et juste comme ça, vous êtes absorbé par des pensées négatives, doutant de votre propre valeur et de votre expertise.

Nous sommes tous confrontés au redoutable syndrome de l'imposteur, même si nous ne sommes pas des athlètes olympiques. Nous entendons cette voix dans notre tête qui veut nous empêcher de postuler à l'emploi idéal, d'inviter quelqu'un à un rendez-vous ou de nager avec confiance dans une piscine. Bien que ce sentiment ne soit pas unique, vous remarquerez peut-être tout au long de votre journée que d'autres personnes semblent avoir tout ce qu'il faut pour réussir sans ressentir les signes de ce revers. Mais vous devez vous demander si ces personnes ne ressentent vraiment jamais la peur ou si elles disposent simplement d'outils pour faire face aux sentiments d'incertitude.

Imaginez que vous disposiez également de ces outils. Si les athlètes s'efforcent de surmonter les obstacles en s'entraînant à donner le meilleur d'eux-mêmes, tant sur le plan physique que mental, cette technique peut s'appliquer à toute personne désireuse d'atteindre un objectif. Les athlètes du monde entier travaillent dur physiquement, mais ce dont beaucoup d'entre eux ne parlent pas assez, c'est du rôle que leur attitude joue dans leur routine quotidienne. Que vous soyez un athlète passionné ou que vous souhaitiez avoir la meilleure attitude possible, cette technique peut s'appliquer à tous ceux qui cherchent à atteindre leurs objectifs.

Dans ce chapitre, vous apprendrez à reconnecter votre cerveau et à vous ouvrir à la confiance et à la participation à des opportunités que vous auriez pu fuir auparavant.

L'esprit d'un athlète

Vous souvenez-vous de la première fois que vous avez essayé de cuisiner, de danser, de plier du linge ou de taper sur un clavier ? Il est probable que vous n'avez pas excellé immédiatement dans ces tâches et qu'il vous a fallu un certain temps pour les maîtriser. Même si vous ne vous souvenez pas du processus d'acquisition des connaissances et de la mémoire musculaire, votre cerveau se réfère automatiquement à votre expérience antérieure en matière de compétences pour effectuer des activités chaque fois que vous les essayez. "En raison de la neuroplasticité, chaque fois qu'une compétence est exécutée, notre cerveau affine cette voie motrice... Si un mauvais schéma de mouvement est exécuté de manière répétée, la technique nécessitera plus de pratique et de temps pour être corrigée/affinée" (Dobbs, 2018). Vous remarquerez ce phénomène si vous vous entraînez pour pratiquer un sport ou vous entraîner dans une salle de sport, mais que vous n'avez pas l'impression de progresser au fil du temps. C'est souvent là que les entraîneurs et les formateurs entrent en jeu, car ils nous enseignent les techniques appropriées et les conseils d'initiés pour s'améliorer.

Puisque le processus d'apprentissage et de pratique d'une compétence est familier à chacun d'entre nous, et pas seulement aux athlètes, parlons de la façon dont la motivation et la pleine conscience entrent en ligne de compte dans l'entraînement sportif du cerveau. Oui, être un athlète demande beaucoup de travail et de dévouement, mais rester concentré et désireux de continuer à performer est l'une des compétences les plus nécessaires à développer. Et comment un athlète peut-il développer sa concentration et son enthousiasme ? Eh bien, même les athlètes les plus endurants adoptent souvent la conscience mentale comme moyen d'évacuer les pensées et les tensions avant, pendant et après une performance.

La perception erronée de la pleine conscience dans le sport

Alors que la perception publique de l'endurance athlétique peut encore être que les athlètes sont forts dans tous les sens et ne deviennent pas stressés puisqu'ils ont
Si un athlète s'est entraîné vigoureusement pendant si longtemps, ce n'est tout simplement pas vrai. Comprenez qu'un athlète a aussi été un petit enfant qui a connu des vulnérabilités comme le reste d'entre nous, naviguant dans un monde qui semble souvent lourd et effrayant. Comme les autres, les athlètes ont l'esprit qui vagabonde, sont stressés et vaincus, surtout s'ils pratiquent leur art depuis longtemps. Ils remettent en question leur propre force et leur endurance, et connaissent des jours fastes comme des jours difficiles.

Quelle est donc la différence entre une personne qui éprouve des sentiments incontrôlables et un stress permanent et un athlète qui s'épanouit dans sa zone confortable de bien-être ? Tout d'abord, on apprend souvent aux athlètes à ramener leur esprit au moment présent et à rester engagés, plutôt que de se concentrer sur les erreurs qui se sont produites ou qui pourraient se produire. Pour les athlètes entraînés, la capacité à traiter ce qui se passe à l'instant présent et à relâcher le stress ou les tensions est une compétence pratiquée qu'il faut souvent des années pour maîtriser.

Les non-sportifs peuvent également acquérir cette compétence afin de pouvoir se recentrer dans les moments de nervosité ou même de crise. À l'instar des revers sportifs, nous connaissons tous des moments où nous aimerions pouvoir dépasser notre peur et faire preuve de confiance, ou du moins paraître à l'aise. Ce qui fait la différence dans notre capacité à rester équilibrés et sereins, c'est la préparation clé que nous effectuons entre les secondes cruciales de la performance.

Considérez ceci : si vous restiez assis sur le canapé toute la journée à regarder la télévision et à manger des pizzas et des glaces, deviendriez-vous un joueur de football de classe mondiale ? Il est fort probable que vous vous disiez "non". Mais laissez-moi vous poser la question suivante : si vous étiez en retard au travail après un rendez-vous chez le médecin au cours duquel on vous a diagnostiqué une hypertension artérielle, et si vous faisiez tomber et craquer votre téléphone tout en renversant du soda sur votre bureau, provoquant des étincelles sur votre clavier et ruinant votre ordinateur portable, vous sentiriez-vous toujours prêt à faire une présentation extraordinaire devant toute votre entreprise ? Bien que ce cas soit extrême, il illustre la façon dont nous nous plaçons souvent dans des situations sans ralentir et sans préparer mentalement notre esprit à faire face à ce qui se présente à nous.

Pour les athlètes, la clé de la création d'un sentiment de motivation réside dans quatre procédures d'état d'esprit qui les aident à se réinitialiser entre les matchs ou même au milieu d'un match. Ces étapes sont la désactivation, la réaffirmation, le recentrage et la réactivation (Ivey et al., 2015).

- **Désactivation :** Cette pause en pleine conscience demande à l'athlète de prendre quelques secondes pour se débarrasser de toute négativité ou inquiétude liée à sa performance actuelle. L'athlète peut imaginer que son attitude défaitiste s'envole ou qu'elle est écrasée comme un insecte, du moment que le sentiment disparaît de son organisme.

- **Réaffirmation :** Après la désactivation, les athlètes se rappellent des mots ou des phrases qui les rendent positifs et forts. Dire quelque chose de simple comme "Je peux le faire" ou "Je suis fort" peut aider un individu à se souvenir de l'état d'esprit positif qu'il veut et doit avoir.

- **Recentrage :** Ce concept permet à l'athlète de reprendre le contrôle en visualisant le résultat positif et en ayant confiance qu'il deviendra réalité.

- **Réactivation :** Enfin, cette étape demande à l'esprit de l'athlète de revenir au jeu ou à la performance afin que la partie suivante de l'exécution des compétences puisse avoir lieu.

Les techniques de pleine conscience offrent aux athlètes des outils précieux pour la récupération physique et mentale. L'une de ces techniques est le balayage corporel, où les athlètes dirigent systématiquement leur attention sur différentes parties de leur corps, remarquant toute tension et la relâchant. Cette pratique favorise la relaxation et aide à la récupération des muscles fatigués.

En outre, l'intégration de la pleine conscience dans les programmes d'exercice physique renforce les bienfaits de l'activité physique. L'exercice en pleine conscience consiste à prêter une attention particulière aux sensations corporelles, aux mouvements et aux schémas respiratoires pendant les séances d'entraînement, ce qui favorise une connexion plus profonde entre l'esprit et le corps.

Les techniques respiratoires sont également un excellent complément aux programmes sportifs. Elles peuvent améliorer de manière significative la concentration et la récupération des athlètes. En pratiquant des exercices de respiration en pleine conscience, les athlètes peuvent réguler leur système nerveux, réduire le stress et augmenter l'absorption d'oxygène, optimisant ainsi leurs performances et favorisant des temps de récupération plus rapides.

En intégrant ces techniques à leur programme d'entraînement, les athlètes peuvent non seulement accélérer leur récupération physique, mais aussi cultiver leur mental.
la résilience, ce qui leur permet de donner le meilleur d'eux-mêmes tout en préservant leur bien-être général.

Visualisation pour les athlètes

Si l'on compare la méditation à un jeu, c'est un peu comme le jeu de faire semblant auquel nous jouons souvent quand nous sommes enfants. Laissez cette idée vous réconforter en explorant toutes les façons dont vous pouvez imaginer des scénarios pour vous réconforter et réduire le stress. Lorsque vous étiez enfant, inventer des histoires en jouant à faire semblant avec vos amis n'avait pas de limites. Vous pouviez être un chevalier combattant un dragon maléfique ou un employé d'un magasin de glaces proposant tous les parfums imaginables. Permettez à votre esprit d'adulte de fonctionner de la même manière lorsque vous visualisez votre succès. Le ciel est la limite - rien ne vous retient !

Depuis que nous avons pris conscience du pouvoir que l'imagination et les résultats hypothétiques peuvent avoir sur un individu, en particulier sur les athlètes, nous pouvons maintenant discuter de certaines des meilleures techniques de visualisation pour accroître la conscience et améliorer les performances. Le concept de visualisation d'une performance positive peut avoir un impact aussi fort sur le cerveau que la méditation, le balayage corporel et la respiration consciente, c'est donc un autre domaine que les athlètes ne devraient pas négliger.

Pour le perfectionniste qui sommeille en chacun de nous, la visualisation offre un moyen d'obtenir des résultats concrets. Si vous pouvez imaginer un scénario se déroulant dans votre esprit, vous serez en mesure de mieux le gérer dans la vie réelle. La visualisation des résultats peut également nous aider à améliorer notre mémoire, car il se peut que nous revoyions sans cesse les mêmes scénarios positifs. Pour visualiser un résultat que vous aimeriez obtenir, trouvez d'abord un endroit calme et asseyez-vous bien droit sur une chaise confortable. Inspirez et expirez lentement et consciemment pour calmer votre esprit et imaginez les détails du scénario que vous aimeriez visualiser. Cela vous permettra non seulement de vous motiver pendant que votre esprit parcourt la situation, mais aussi de vous entraîner en vue du grand événement. Imaginez comment la scène se déroulera le jour du match et essayez d'imaginer chaque minute de la performance. Concentrez-vous sur la vigilance et l'évacuation du stress en prévision du jour J. De nombreux athlètes estiment que le processus de visualisation avant l'événement peut réduire la quantité de stress qu'ils ressentent.

La pression qu'ils subissent pendant l'expérience en direct est plus facile à gérer, car ils sont déjà familiarisés avec la façon dont elle se déroule (Straw, 2023).

Idées de pleine conscience pour la performance corporelle

Dans tout scénario de performance, il y aura de la pression pour accomplir une activité à la perfection, mais essayez de laisser tomber cette idée en rassemblant vos outils pour faire de votre mieux. L'un des avantages de la pratique de la pleine conscience est que vous n'aurez plus nécessairement besoin de vous imposer une pression énorme, car vous vous sentirez prêt à faire face à tout ce qui se présentera à vous. Les idées suivantes peuvent aider un athlète à progresser.

- Respirez en pleine conscience (pratiquez cette respiration avant et pendant une activité).
- Effectuez des balayages corporels pour vous aider à vous détendre. Fermez les yeux et concentrez-vous sur chaque partie du corps, en vous détendant des orteils à la tête.

- Visualisez votre succès en tant qu'athlète avant toute performance - trouvez un endroit calme, fermez les yeux, imaginez les détails d'un match ou d'un événement, et visualisez votre succès et les émotions associées à l'événement.
- Tenez un journal quotidien ! Écrivez sur vos espoirs, vos craintes et vos réussites en tant qu'athlète.
- N'oubliez pas de vous étirer (avant et après chaque représentation).
- Participez à une activité physique complémentaire qui vous aidera et améliorera votre sport ou activité principale. Il peut s'agir, par exemple, de yoga, de ballet, de marche, de cours de kickboxing ou d'haltérophilie.
- Dressez une liste des trois principaux objectifs (dans l'ordre) de ce que vous aimeriez accomplir sur le plan sportif cette année. Pensez à une affirmation positive pour vous-même et dites-la à haute voix chaque jour.
- Apprenez à laisser les échecs derrière vous (considérez-les comme des opportunités d'apprentissage). Après chaque erreur, exprimez votre pardon à haute voix.
- Participez à des activités qui nécessitent et développent la concentration mentale, comme la lecture, l'écriture ou la peinture.
- Enregistrez et observez vos performances. Cela peut s'avérer difficile pour certains, mais cela vaut la peine d'essayer pour s'améliorer. Utilisez-le comme un outil d'apprentissage pour votre formation.
- Séparez-vous (créez des limites !) des athlètes ou des personnes qui parlent négativement de leurs performances ou de celles des autres.
- Fixez une intention personnelle au début de chaque entraînement. Que voulez-vous apprendre ou gagner ?
- Reposez-vous de manière constante et régulière.
- Créez un calendrier d'entraînement et affichez-le dans un endroit bien visible afin de vous tenir responsable de votre entraînement.
- Prenez une douche ou un bain chaud pour soulager les tensions et le stress liés aux exercices.
- Essayez de prendre une douche froide pour revigorer votre corps et vous entraîner à contrôler votre respiration tout au long du processus.

- Écoutez de la musique qui vous inspire ou vous motive.
- Regardez un clip préféré d'un athlète que vous admirez.
- Prenez l'habitude de vous entraîner. Même si vous ne vous présentez à l'entraînement que pour une courte durée, concentrez-vous sur le fait de "vous présenter".
- Si quelque chose ne fonctionne pas, mettez à jour ou modifiez votre plan de pratique. Restez ouvert et adaptable.
- Mangez suffisamment d'aliments sains pour vous nourrir correctement en vue de vos performances.
- Buvez environ 11 à 15 tasses (91 à 125 onces) d'eau par jour pour hydrater votre corps et votre esprit (Eby, 2023).
- Avant un spectacle, bâillez ou riez pour calmer vos nerfs.
- Créez un journal de gratitude à propos de votre corps (par exemple : "Je suis reconnaissant pour mes jambes parce qu'elles me permettent de marcher et de courir : "Je suis reconnaissant pour mes jambes parce qu'elles me permettent de marcher et de courir", "Je suis reconnaissant pour mes yeux parce qu'ils me permettent de voir l'objectif").
- Trouvez un entraîneur ou un ami qui peut vous donner confiance en vous pendant les entraînements ou les jours de compétition.
- Pour les sports d'équipe, participez à des ateliers ou à des réunions qui peuvent favoriser la camaraderie entre coéquipiers.
- Dressez une liste des récompenses intrinsèques que vous retirez de la pratique de ce sport ou de cette activité.
- Faites preuve de compassion et de gentillesse pendant le spectacle (envers les autres et vous-même).
- Pratiquez la relaxation musculaire progressive (PMR). Concentrez-vous lentement sur la tension d'un muscle pendant 8 à 10 secondes, puis détendez-le. Cela permet de soulager la tension dans tout le corps, même si vous ne ressentez pas de douleur musculaire (Toussaint et al., 2021).
- Ressentez vos émotions ! Vous n'avez pas besoin d'empêcher votre esprit de ressentir certaines émotions, même pendant les jeux et les spectacles. Avec le temps et la pratique méditative, vous pouvez simplement ressentir vos émotions et passer à autre chose.

NB : *Les idées d'autosoins ci-dessus aident à préparer votre cerveau et votre corps à des pratiques régulières de méditation de pleine conscience. Vous trouverez en annexe des audioguides gratuits sur les méditations de pleine conscience. Utilisez ces audioguides en même temps que les pratiques d'autosoins ci-dessus, alors que vous vous lancez dans votre "année de la pleine conscience".*

Principaux enseignements

Bien que l'athlétisme exige de la force et des capacités, une grande partie de ces qualités vient de l'intérieur. Même si vous pensez que vos jours d'athlétisme sont révolus, il n'est pas nécessaire de cesser de posséder un esprit athlétique. Continuer à rester mentalement conscient et préparé mentalement devrait faire partie d'une routine d'entraînement au même titre que l'exercice physique.

- Le cerveau essaie de se souvenir d'informations antérieures pour effectuer des tâches, de sorte que l'acquisition de la mémoire musculaire est tout aussi importante que l'entraînement de la force pour le corps.

- Les athlètes connaissent des revers et sont vulnérables, mais ils s'efforcent souvent de surmonter les difficultés en entraînant leur esprit à la positivité avant, pendant et après une performance.

- Quatre pratiques peuvent contribuer à ramener les athlètes à un état de conscience et de concentration : la désactivation, la réaffirmation, le recentrage et la réactivation.

- Les techniques de visualisation peuvent être un complément puissant pour les athlètes, en plus de la respiration attentive, de la méditation et du balayage corporel.

Nous avons enfin atteint le stade où nous pouvons commencer à utiliser certaines des techniques de pleine conscience que nous avons apprises pour élever notre pratique à un autre niveau. Examiner les moyens d'être à la fois parent et de vieillir gracieusement peut être un défi, mais avec les idées que vous avez rassemblées, vous pouvez appliquer les pratiques qui conviennent le mieux à votre vie et à vos besoins.

Chapitre 13 :

Être parent en pleine conscience

C'est encore une journée ensoleillée et vous êtes sur le point d'aller chercher votre enfant à l'école primaire. En entrant dans le parking, vous respirez profondément et réalisez que c'est la dernière fois que vous êtes seul pour le reste de la journée. Vous savourez ce moment de tranquillité. Mais ce n'est pas grave, pensez-vous en faisant signe à votre enfant, qui se dirige vers la voiture et y monte. En vous saluant, il vous fait savoir qu'il a eu une journée bien remplie, mais qu'elle a été excellente et qu'il est heureux de pouvoir se détendre maintenant. Sur le chemin du retour, vous appréciez le temps passé ensemble et l'espace pour respirer tout en discutant calmement de vos journées. Vous êtes tous deux présents dans l'instant et pouvez partager vos sentiments en toute conscience.

Si vous êtes parent, est-ce que cela ressemble à une journée typique pour vous ? Bien que le rôle de parent puisse être merveilleux, je suppose que ce scénario hypothétique semble irréaliste par rapport à ce que vous vivez normalement. Quel que soit l'âge de votre enfant, il est fort probable que vous rencontriez chaque jour des difficultés avec lui et, à la fin de la journée, vous avez probablement l'impression d'avoir vécu plus de choses que vous ne l'imaginiez en vous levant ce matin-là.

Être parent de manière détendue et consciente ne doit pas sembler si farfelu, car les techniques de pleine conscience que nous avons déjà évoquées peuvent nous aider à réagir de manière plus appropriée à tout ce que la vie nous réserve. L'acte d'être parent est quelque chose d'admirable. Mais c'est aussi un travail difficile. Peut-être en avez-vous fait l'expérience vous-même et avez-vous perdu votre sang-froid au cours d'une interaction avec votre enfant. Il n'y a pas lieu d'en avoir honte, mais sachez qu'il existe des approches réfléchies que vous pouvez utiliser pour faire face à tout ce que la vie vous réserve.

Les étapes de la pleine conscience

L'art d'être parent en pleine conscience consiste à s'arrêter pour réfléchir aux choix et aux réactions que l'on a face à des situations avec son enfant, ce que peu d'entre nous ont tendance à faire lorsque nos journées sont chargées. Il est difficile de rester présent lorsque nous jonglons avec les repas, les trajets en voiture, les devoirs, les couches ou les conversations difficiles avec les enfants. Il faut donc rester conscient de ce qui se passe maintenant pour ne pas rater d'occasions ou s'énerver lorsque quelque chose ne va pas dans notre sens.

Vous avez maintenant découvert certains outils qui vous aideront à rester attentif. Dans cette section, vous apprendrez comment appliquer ces méthodes dans votre vie de parent. Être parent est une tâche importante, vous aurez donc l'occasion de vous concentrer non seulement sur ce qui est bon pour vous, mais aussi sur ce qui est nécessaire et utile pour votre enfant. Il n'est jamais trop tôt pour pratiquer la pleine conscience ou pour apprendre à un enfant à rester attentif tout au long de la journée. Au fil de votre lecture, réfléchissez aux moyens qui vous permettront, en tant que parent, d'atteindre la pleine conscience grâce à ces méthodes puissantes.

La pleine conscience pour les nourrissons

La communication est sans doute l'un des aspects les plus difficiles de l'éducation des enfants. Lorsque nous nous occupons d'un nourrisson, le fait qu'il ne puisse pas nous parler pour décrire ses émotions ou sa douleur peut être frustrant pour nous et pour lui. C'est à nous de déchiffrer les besoins de l'enfant en nous basant sur son langage corporel, ses pleurs et ses expressions faciales. En pratiquant la pleine conscience, nous pouvons développer les compétences nécessaires pour comprendre les liens qui nous unissent aux autres, même aux nourrissons.

Une activité importante pour le développement de l'enfant est "l'interaction entre les enfants et les adultes qui s'occupent d'eux. [En outre, le développement de notre capacité à être pleinement conscients dans l'instant présent nous permet de devenir des détectives plus attentifs pour découvrir ce qu'un nourrisson ou un enfant en bas âge nous révèle" (Gehl & Bohlander, 2018). Il s'agit d'une voie à double sens pour les adultes et les enfants, car les adultes peuvent en apprendre davantage sur leur rôle de soignants et se mettre à l'écoute de leur propre conscience.

L'attention que vous portez aux enfants en bas âge vous aidera tous deux à acquérir la pleine conscience. Votre enfant commencera à apprendre les réponses et les réactions que vous lui donnerez, qu'elles soient positives ou négatives, et, grâce à des pratiques de pleine conscience, vous pourrez apprendre à réagir de manière appropriée sans recourir à la force, crier ou vous énerver dans les moments chaotiques. Préparez-vous à aller un peu plus lentement avec votre bébé, car il n'est pas nécessaire de se précipiter à chaque fois pour le nourrir ou lui donner son bain. En ralentissant le processus, le nourrisson apprendra à rester calme et attentif lorsqu'il commencera à accomplir des tâches tout seul.

La pleine conscience pour les enfants

Lorsque les enfants sont en âge d'aller à l'école, ils continuent d'apprendre à communiquer efficacement et développent leur banque de vocabulaire pour ce faire. Les distractions peuvent se multiplier au fur et à mesure que les amitiés se nouent, mais les compétences de pleine conscience sont d'autant plus essentielles que les enfants ont davantage d'occasions d'exercer leur indépendance vis-à-vis de vous. Une fois que l'enfant peut communiquer plus clairement avec ses parents, il est temps de discuter de la manière dont la pleine conscience peut l'aider à l'école et dans la vie.

Parlez à votre enfant des stratégies de respiration, des stratégies de comptage lent ou des techniques de méditation qui pourraient l'aider à se calmer. Même s'il ne veut pas les essayer à l'école, il peut les pratiquer à la maison pour maîtriser les sentiments qu'il a éprouvés au cours de la journée. Le fait de nommer les grandes émotions que votre enfant a ressenties vous aide également à faire le lien avec ce qu'il vit pendant la journée lorsque vous n'êtes pas là. En discutant de scénarios qu'il a vécus ou qu'il pourrait vivre, vous l'aiderez à visualiser des stratégies efficaces d'autorégulation et d'empathie.

La pleine conscience pour les adultes

Même à l'âge adulte, nous nous efforçons constamment de trouver les mots justes pour dire aux autres ce que nous ressentons. Lorsqu'un enfant devient adulte, il acquiert l'expérience qui l'aide à faire face à des situations spécifiques, mais certains adultes ont encore recours à

des crises de colère semblables au comportement d'un enfant en bas âge si quelque chose n e va pas dans leur sens. S'ils ont des antécédents de
En revanche, ils disposeront de techniques axées sur la prise de conscience, la gentillesse et la positivité.

À l'âge adulte, beaucoup d'entre nous ont compris comment communiquer de manière élémentaire, mais beaucoup d'entre nous ne savent toujours pas comment écouter. S'arrêter pour écouter activement les autres, même lorsqu'ils disent quelque chose que nous ne voulons pas entendre, demande de la maturité et de la patience. Lorsque nous sommes capables d'écouter plus attentivement, nous apprenons souvent davantage, nous devenons plus curieux et nous progressons dans la compréhension de nous-mêmes.

En tant que parents, encourager les enfants à communiquer et à écouter correctement peut favoriser les capacités de prise de décision plus tard dans la vie, ainsi que le bien-être mental général, de sorte que présenter ces idées aux enfants peut aider à créer des connexions ouvertes (Marie, 2022). Cela contribue également à votre tranquillité d'esprit en tant que parent, sachant que les pratiques de pleine conscience que vous avez aidées votre enfant à apprendre continueront d'être des méthodes auxquelles il pourra faire appel en cas de stress ou d'anxiété.

Fixer des normes parentales réalistes

De nombreux parents ont des échanges avec leurs enfants dont ils ne sont pas fiers. Il est important de savoir que vous n'êtes pas seul : il n'est pas facile d'être parent et il n'existe pas de guide sur la façon d'être "le meilleur" parent (parce que cela n'existe pas !). Être parent est une expérience incroyablement unique pour chacun. Ce qui est peut-être plus important que d'être le parent "parfait", c'est de comprendre comment accepter les moments où vous n'êtes pas au mieux de votre forme, d'en tirer des leçons, de grandir avec eux et de continuer à progresser pour devenir un parent dont vous pouvez être fier.

Lorsque vous observez votre enfant pendant qu'il joue ou accomplit des tâches quotidiennes, vous pouvez commencer à comprendre quelles sont les pratiques de pleine conscience qui lui conviennent le mieux, mais il est important de laisser la pleine conscience s'installer naturellement plutôt que d'essayer de la forcer à participer.

Fixer des objectifs réalistes pour les enfants et communiquer clairement ces idées à l'enfant lorsqu'il est capable de vous comprendre est l'un des moyens les plus simples de commencer à pratiquer la pleine conscience dès aujourd'hui. En voici un exemple, Pendant les repas, vous pouvez manger en pleine conscience en décrivant à tour de rôle les couleurs, les textures et les saveurs de vos aliments, sans porter de jugement. Vous pouvez également pratiquer l'écoute attentive en vous asseyant tranquillement ensemble et en vous concentrant sur les sons qui vous entourent, comme le gazouillis des oiseaux ou le passage des voitures. Grâce à ces pratiques, vous pouvez apprendre à vos enfants à être présents dans l'instant, à gérer leurs émotions et à cultiver un plus grand sentiment de calme et de conscience.

Initier lentement les enfants à des pratiques de pleine conscience telles que la méditation guidée, le balayage corporel et les exercices de respiration profonde peut également contribuer à calmer l'esprit d'un enfant et lui offrir une perspective nouvelle avant de poursuivre sa journée. Les enfants apprécient également une routine cohérente, même s'ils n'aiment pas l'admettre. Le fait de prévoir un moment pour méditer ou simplement respirer et se détendre avant la sieste ou l'heure du coucher peut leur offrir une chance de se calmer.

À tout âge, les enfants essaieront de tester leurs limites et d'affirmer leur indépendance, alors essayez de rester flexible lorsque vous travaillez sur les pratiques de pleine conscience avec eux. Faites-lui part de vos idées, mais ajustez-les au fur et à mesure que votre enfant grandit. Vous n'aurez pas besoin de lui expliquer en détail les avantages des pratiques de pleine conscience ; il suffit que la technique soit facile et amusante pour qu'il la trouve agréable. N'oubliez pas que votre comportement exemplaire est l'un des outils les plus influents dont vous disposez en tant que parent, et que donner le ton de l'appréciation de la pleine conscience peut être le meilleur moyen d'inciter un enfant à participer à des actions de pleine conscience.

Les besoins d'un parent

Toute personne ayant passé ne serait-ce qu'une journée avec un enfant peut comprendre à quel point il est important de se réserver du temps pour prendre soin de soi. La santé mentale étant liée à la santé physique, il est nécessaire de prendre soin de vos besoins également. Comme vous le savez si vous avez été confronté au stress dans votre vie, la tension s'accumule et a tendance à se libérer de manière négative si nous ne créons pas d'exutoires pour nous déstresser. Un parent fatigué et anxieux ne sera probablement pas à son meilleur lorsqu'il interagira avec son enfant.

Prenez le temps de méditer, de vous promener à l'extérieur, de lire un livre ou de consigner vos pensées dans un journal afin de vous libérer de la pression à laquelle vous pouvez être confronté en tant que parent.

Faire des pauses

Comme nous l'avons mentionné, l'un des meilleurs moyens de montrer à votre enfant que vous vous respectez et que vous vous aimez est de lui donner l'exemple d'un comportement réfléchi. En planifiant une sortie avec vos amis ou votre partenaire pendant que votre enfant s'amuse avec une baby-sitter ou un membre de la famille, vous lui montrez que vous avez besoin de temps pour des activités sociales, tout comme lui.

Permettez à votre enfant de vous voir ranger votre téléphone et faire des pauses conscientes pour qu'il sache que le temps que vous passez avec lui est important. Les enfants remarquent plus que nous ne le pensons, et lorsqu'ils voient un parent attaché à son téléphone et qui le regarde constamment, ils risquent de chercher à attirer l'attention par tous les moyens possibles, y compris par des moyens négatifs. Faites des pauses pour danser, chanter et jouer avec votre enfant. En grandissant, il se souviendra des sentiments qu'il a éprouvés lors de ces expériences avec vous, même s'il ne se souvient pas de toutes les activités que vous avez faites ensemble.

Dans une étude mesurant l'intelligence émotionnelle et l'impact de l'utilisation des appareils par les parents et leurs enfants âgés de cinq à douze ans, les chercheurs ont découvert que les parents qui utilisaient plus fréquemment leur téléphone portable devant leurs enfants avaient des enfants dont l'intelligence émotionnelle était plus faible (2023) :

> L'utilisation du téléphone par les parents est associée à un "visage immobile", une apparence sans expression qui est souvent interprétée comme une dépression, ce qui peut avoir

un impact sur le développement des compétences émotionnelles de l'enfant. Les parents devraient donc être plus attentifs à la fréquence à laquelle ils utilisent leur téléphone en présence de leurs enfants... L'endroit où leurs yeux se posent envoie un message à leurs enfants sur ce qui est important. (Hamm)

Principaux enseignements

Maintenant que vous êtes en mesure de réfléchir à certaines des pratiques de pleine conscience apaisantes que vous avez identifiées pour vous-même, réfléchissez à la manière dont vous pouvez intégrer la pleine conscience lorsque vous passez du temps avec votre enfant. Même s'il s'agit simplement de modéliser votre propre comportement de pleine conscience, votre enfant le verra et apprendra de votre capacité à vous autoréguler, à écouter et à prendre soin de vous-même et des autres.

- L'introduction de techniques de pleine conscience auprès des enfants peut les aider à développer des stratégies qu'ils utiliseront tout au long de leur vie.

- À tout âge, les techniques de pleine conscience peuvent aider les enfants à développer leurs capacités de communication et leur empathie pour les autres.

- Les parents peuvent aider les enfants à intégrer des techniques de respiration attentive et/ou de méditation dans leur journée et leur montrer l'importance de ces pratiques.

- Fixer des objectifs réalistes pour les enfants et s'adapter à tout changement de plan permet de donner le ton d'une parentalité attentive.

- En tant que parent, vous pouvez vous réserver du temps pour prendre soin de vous, ce qui vous permet de vous calmer et de faire des pauses.

Enfin, nous examinerons ce que signifie la pratique de la pleine conscience en vieillissant. Bien qu'il ne soit jamais trop tard ou trop tôt pour commencer à pratiquer la pleine conscience, il s'agit d'une pratique continue qui vous permettra de profiter des nombreux avantages de la réduction du stress.

Chapitre 14 :

La pleine conscience à tout âge

La publicité est omniprésente. Lorsque vous entrez dans presque n'importe quel magasin, vous êtes probablement inondé de superbes mannequins sur des affiches et des publicités montrant ce que vous pouvez acheter pour avoir une peau plus jeune, perdre du poids ou vous habiller comme une célébrité. Il est difficile d'éviter le sentiment de ne pas être assez séduisant lorsque nous vivons dans une culture qui valorise la beauté et craint le vieillissement. Bien que les changements d'apparence soient inévitables avec l'âge, le maintien d'une attitude attentive tout au long de la vie peut nous aider à nous sentir équilibrés et confiants jusqu'à un âge avancé.

L'esprit d'un enfant

Nous savons que les enfants sont impressionnables et qu'ils absorbent des idées et des leçons tous les jours, mais il est surprenant de constater que l'enseignement de la pleine conscience aux enfants n'a que récemment gagné en popularité dans les systèmes scolaires. Alors que les écoles et les groupes communautaires commencent à s'intéresser de plus près à l'impact avantageux du yoga, de la méditation, des stratégies d'auto-calme et des techniques de respiration profonde pour les enfants, les résultats de ces pratiques semblent également aider les jeunes enfants à comprendre qu'il existe des moyens de prendre conscience de leurs sentiments sans avoir recours à la violence verbale ou physique. "Les recherches existantes à ce jour suggèrent que l'autorégulation peut s'améliorer grâce à l'entraînement à la pleine conscience pendant l'enfance. En particulier, les études sur la formation à la pleine conscience menées auprès d'enfants et d'adolescents d'âge scolaire ont mis en évidence des améliorations des indices d'autorégulation des enseignants et des parents" (Zelazo & Lyons, 2011).

Maintenant que vous avez pris conscience de l'impact positif de la pleine conscience, réfléchissez à la manière dont ces pratiques auraient pu vous être bénéfiques si vous les aviez apprises dans votre enfance.

L'initiation des enfants aux pratiques de la pleine conscience peut les aider à se prendre en charge à l'âge adulte. La la pratique de la pleine conscience n'est pas valorisée dans la société autant qu'elle devrait l'être. "L'entraînement à la pleine conscience peut permettre de pratiquer le retraitement réflexif [...] tout en minimisant les influences qui interfèrent avec la fonction corticale préfrontale (p. ex. cortisol/stress) et en maximisant les influences qui favorisent cette fonction (p. ex. dopamine/émotions orientées vers l'approche telles que le bonheur et la curiosité)" (Zelazo & Lyons, 2011). Pour un enfant, cela signifie que les pratiques de pleine conscience peuvent contribuer au développement des compétences décisionnelles, de la résolution de problèmes et de la créativité.

Vieillir avec grâce

Avec l'âge, il devient parfois plus difficile de commencer un nouveau passe-temps ou de s'intéresser à quelque chose que l'on n'a jamais essayé auparavant, mais les pratiques de pleine conscience s'intègrent facilement dans un emploi du temps et peuvent être suffisamment simples pour être pratiquées dans presque n'importe quel endroit de la journée. Gardez à l'esprit qu'il n'est jamais trop tard pour commencer à pratiquer la pleine conscience et que le cerveau bénéficie grandement de la poursuite de l'apprentissage de nouvelles idées. "Les données suggèrent que la méditation, la prière et d'autres pratiques religieuses et spirituelles connexes peuvent avoir des effets significatifs sur le cerveau vieillissant - des effets positifs qui peuvent contribuer à améliorer la mémoire et la cognition, l'humeur et la santé mentale en général" (Newberg, 2011).

Comme nous savons que l'entraînement de l'esprit à l'aide de puzzles, de nouvelles compétences et d'exercices de concentration peut contribuer à freiner le processus de vieillissement du cerveau, vous devez prendre conscience qu'il y a toujours de la place pour la croissance et le développement dans votre vie. Bien que vous puissiez penser que vous êtes un expert dans un domaine que vous pratiquez depuis des années, libérez-vous de cet état d'esprit figé et comprenez que vous pouvez toujours apprendre de nouvelles idées sur un sujet, à tout âge.

Lorsqu'une personne se concentre sur un objectif réaliste, elle a tendance à rester motivée pour atteindre ce résultat. En vieillissant, nous pouvons toujours adapter nos objectifs, mais pensez à ce que vous voulez être dans cinq ans, dix ans ou même vingt ans et concentrez-vous sur des objectifs qui vous aideront à développer votre raison d'être. Sur le chemin de la réussite, nous en apprenons davantage sur nous-mêmes et sur les autres, et nous pouvons même décider de modifier complètement notre calendrier ou nos exercices de pleine conscience pour les adapter à nos besoins.

notre mode de vie. Si la concentration sur le moment présent est un objectif clé des pratiques de pleine conscience, la planification de notre réussite et de notre développement futurs peut nous inciter à rester attentifs.

Maintenir la pleine conscience

Une personne qui n'est pas aussi familière avec l'idée des pratiques de pleine conscience et l'aide qu'elles peuvent apporter peut avoir l'impression que c'est une perte de temps ou qu'il y a trop de choses à accomplir au cours de la journée pour ajouter des pratiques de pleine conscience. Ils peuvent juger que certaines pratiques sont trop "new age" pour eux, alors qu'en réalité, ces pratiques sont bénéfiques pour les individus depuis des siècles. Bien qu'il soit important de socialiser et d'établir des liens avec les autres, ne laissez jamais personne ridiculiser les pratiques de pleine conscience qui vous aident à vous détendre ou à préparer le terrain pour votre journée.

Rester attentif signifie que *vous* contrôlez votre vie. Vous développez le pouvoir de laisser les idées flotter vers vous et s'éloigner de vous doucement et facilement. Les pensées qui, à un moment donné, auraient pu vous causer du stress sont maintenant simplement des idées que vous pouvez observer objectivement et au sujet desquelles vous pouvez prendre des décisions au moment opportun. Pour paraphraser la citation du Dr Viktor Frankl mentionnée plus haut (au chapitre 6) et l'appliquer, la pleine conscience vous permet de trouver cet espace, entre le stimulus et la réponse, et vous donne la liberté de faire votre choix.

Bien que nous ne puissions pas contrôler tous les événements de la vie, nous pouvons faire des choix plus réfléchis pour nous assurer que nous prenons soin de nous-mêmes, tant au niveau du corps que de l'esprit. Aller chez le médecin pour des contrôles réguliers, parler à votre médecin ou thérapeute de tout stress ou préoccupation que vous avez, et planifier des activités d'auto-soins tout au long de votre journée sont quelques moyens de base pour rester proactif sur votre bien-être (Brettingen, 2022).

Bien sûr, poursuivre les passe-temps ou les activités auxquels vous participez déjà peut maintenir votre cerveau actif et alerte, mais essayez de vous diversifier pour trouver de nouveaux centres d'intérêt qui feront travailler votre esprit. Rejoignez des groupes qui vous permettent de rendre service à votre communauté, de faire du bénévolat et de faire une différence dans votre monde. Ce type d'activité présente l'avantage supplémentaire d'aider les personnes âgées à s'épanouir.

vous vous sentez satisfait du travail que vous faites et de la façon dont vous utilisez votre temps. Participer à des activités de ce type peut également être un excellent moyen de rencontrer des personnes partageant le même état d'esprit et appréciant les pratiques de pleine conscience autant que vous !

Ce que vous réserve l'avenir

Comme nous ne savons jamais avec certitude ce que l'avenir nous réserve, il est utile de pratiquer des méthodes saines pour s'exprimer et évacuer le stress afin de pouvoir faire face à tout ce qui se présente à nous. Nous pouvons toujours prévoir des résultats positifs grâce à des pratiques de pleine conscience, tout en restant prêts à faire face à certaines surprises. Si vous êtes le genre de personne qui aime être au courant de chaque minute de ce que sera sa journée, l'ajout d'un exercice de pleine conscience comme la méditation pendant seulement dix minutes peut vous permettre de vous évader et de vous déstresser, tout en restant ouvert à l'inconnu. Supposons que vous soyez décontracté et détendu dans l'accomplissement de vos tâches tout au long de la semaine. Dans ce c a s , la pleine conscience peut vous permettre d'apprécier ce que vous avez et votre attitude et d'en être reconnaissant. En définitive, les pratiques de pleine conscience ne sont pas réservées à un certain *type* de personne, mais permettent à *chacun d'*en profiter et d'en tirer des avantages.

En vous traitant avec gentillesse, vous modifiez la façon dont votre cerveau perçoit le monde. Vous remarquerez probablement cet effet comme l'un des premiers avantages des pratiques de pleine conscience. Prendre du temps dans votre journée pour prendre soin de vous ne vous donne pas seulement une raison de vous réjouir, mais entraîne également votre cerveau à se sentir positif à l'idée de pratiquer la pleine conscience et de l'intégrer à votre nouvelle façon de penser. "Nous savons que le fait d'anticiper quelque chose de positif aide en fait à maintenir les niveaux de dopamine dans votre cerveau... Ainsi, l'idée même d'anticiper quelque chose de bon peut physiquement modifier la chimie de votre cerveau pour que vous vous sentiez heureux" (Volpe, 2020). Commencez à apprécier les moments simples de votre vie et à vous enthousiasmer pour votre avenir plein d'esprit.

Principaux enseignements

Maintenant que nous arrivons au terme de notre exploration des effets positifs de la pleine conscience sur le cerveau, je vous invite à poursuivre votre compréhension en appliquant des pratiques et en prévoyant du temps pour votre cheminement en pleine conscience. Lorsque vous établissez une routine pour la pleine conscience, *vous* en faites une priorité, ce qui montrera aux autres que vous appréciez la possibilité de faire des exercices de pleine conscience. Pour vous aider davantage, j'ai inclus un contenu bonus accessible en annexe.

- Les études qui mesurent l'impact de la pleine conscience sur les groupes scolaires et communautaires déterminent que des pratiques telles que le yoga, la méditation et la respiration profonde semblent avoir un effet positif sur les jeunes enfants.

- Avec l'âge, les pratiques de pleine conscience permettent d'améliorer et de maintenir la mémoire, la concentration et la conscience de soi.

- Continuer à apprendre stimule certaines parties du cerveau et libère des substances chimiques saines qui favorisent une humeur et des émotions plus positives.

- En prenant des décisions réfléchies pour notre corps et notre santé, nous continuons à prendre soin de nous-mêmes de manière proactive.

Apprendre quelque chose de nouveau demande de l'engagement et des efforts, mais la pleine conscience est une pratique qui peut devenir un mode de vie naturel en l'intégrant simplement à notre journée. Elle n'a pas besoin de prendre beaucoup de temps dans notre emploi du temps et ses effets nous rendront beaucoup plus productifs tout au long de la journée.

Conclusion

Souvent, les individus ne prennent pas le temps de comprendre et de réfléchir à la façon dont leur vie pourrait être améliorée par de simples changements. Je vous mets au défi et vous encourage aujourd'hui à analyser le travail que vous avez accompli tout au long de ce livre car, que vous le réalisiez ou non, vous avez déjà fait beaucoup. Vous avez pris l'initiative d'en savoir plus sur vous-même et sur la façon d'améliorer la santé de votre cerveau.

Comme nous l'avons déjà mentionné, si vous essayez d'en faire trop à la fois, l'effet sera minime car vous risquez de vous épuiser rapidement et de revenir à vos anciens comportements. Au lieu d'essayer de mettre en œuvre simultanément toutes les idées de ce livre dans votre vie, j'aimerais que vous pensiez à une pratique ou à une technique que vous allez essayer aujourd'hui et qui vous apaisera et vous sera bénéfique. Parce que votre cerveau, avec son étonnante neuroplasticité, est capable de s'adapter et de réagir de façon nouvelle, commencez à envisager des techniques qui peuvent à la fois défier et réconforter cet incroyable organe.

Quelle est votre prochaine étape ?

Rappelez-vous que cette année peut être votre "année de la pleine conscience" à partir de maintenant. Utilisez les listes figurant à la fin des chapitres pour apaiser votre cerveau et votre corps, et vous guider dans votre prochaine phase d'expérimentation des pratiques de pleine conscience. La fin de ce livre ne signifie pas la fin de votre voyage en pleine conscience. Considérez-la plutôt comme une invitation à passer aux étapes suivantes. Grâce au contenu bonus de l'annexe, vous êtes prêt à poursuivre votre aventure de la pleine conscience et à commencer à explorer des exercices stimulants pour les fonctions cérébrales et l'amélioration de la mémoire.

Si vous doutez encore d'avoir l'énergie nécessaire pour devenir une personne plus attentive, considérez ceci. *Vous* êtes le seul à contrôler les étapes suivantes. Oui, vous êtes probablement attiré par de nombreuses directions différentes.

Tout au long de la journée, il peut être difficile de tout concilier, mais en adoptant des pratiques de pleine conscience, vous améliorerez probablement vos fonctions cognitives, renforcerez votre système immunitaire et passerez de meilleures nuits de sommeil pour faire face à tout cela. En outre, le soulagement du stress que vous ressentez en vous installant dans un état de pleine conscience vous deviendra plus familier à mesure que vous continuerez à pratiquer diverses techniques.

Votre cerveau est une banque, et les pratiques de pleine conscience sont les petits dépôts que vous ferez et qui vous rapporteront avec le temps. N'attendez pas d'être stressé au plus haut point pour commencer à pratiquer un exercice de pleine conscience. Créez des occasions de pratiquer la pleine conscience dans les bons et les mauvais jours. J'imagine que vous trouverez des avantages à vivre des moments de calme et de tranquillité dans les journées chargées comme dans les journées paisibles. Envisagez de vous réveiller chaque matin avec la confiance nécessaire pour prendre soin de vous, manger en pleine conscience et faire des choix conscients chaque jour. La pleine conscience change vraiment la vie et maintenant, avec l'aide de ce livre, vous avez des centaines d'idées auxquelles vous pouvez recourir lorsque vous avez besoin d'une action rapide pour vous calmer.

Que vous soyez un parent qui a besoin de refaire le plein d'énergie et d'inspirer un enfant grâce à des pratiques de pleine conscience, un athlète qui espère gagner en concentration dans son métier ou un employé qui travaille dur chaque jour et qui veut ressentir de la satisfaction dans sa productivité, les messages de pleine conscience que je continuerai à fournir vous permettront de profiter de méthodes nouvelles et attrayantes de pleine conscience pour la santé du cerveau.

J'aimerais vous demander un peu de votre temps. Si vous avez trouvé de la valeur dans les idées, les stratégies et les connaissances partagées dans ce livre, j'apprécierais beaucoup que vous laissiez un commentaire. Vos réflexions et vos réactions sont inestimables, et je lirai tous vos commentaires et critiques. Non seulement ils m'incitent à continuer à créer des contenus qui comptent, mais ils aident également les lecteurs à prendre des décisions éclairées quant à leurs choix de lecture. Votre commentaire est un petit geste qui peut avoir un impact important. Je vous remercie de votre attention et vous prie d'agréer, Madame, Monsieur, mes salutations distinguées.

Je vous souhaite de la positivité et des progrès dans la poursuite de ce que vous avez osé commencer. L'effort de réflexion que vous mettez en œuvre aujourd'hui portera ses fruits les jours où vous vous sentirez épuisé et frustré. Ces jours-là, vous saurez prendre le temps de vous ressourcer. Profitez de cette nouvelle aventure et restez ouvert aux possibilités !

Pouvez-vous nous aider ?

Merci encore d'avoir lu ce livre ! J'espère que vous l'avez trouvé intéressant et utile.

Les critiques de livres font toute la différence dans la découverte des livres.

J'aimerais connaître votre avis en rédigeant un bref commentaire sur Amazon.

Je l'apprécie beaucoup et je lirai vos commentaires.

Pour votre commodité, les codes QR ou les liens suivants vous permettent d'accéder directement à la page d'évaluation de votre place de marché Amazon respective :

Amazon.fr/review/create-review?&asin=1738558134

Amazon.ca/review/create-review?&asin=1738558134
Amazon.com/review/create-review?&asin=1738558134
Amazon.co.uk/review/create-review?&asin=1738558134

Annexe

Pour obtenir des audioguides gratuits sur les pratiques de pleine conscience guidées, veuillez vous inscrire en utilisant le lien suivant ou le code QR ci-dessous

bit.ly/mindfulness-book-bonuses

Glossaire

- **Amygdale :** La petite partie du cerveau qui aide à discerner les situations à risque et à contrôler les émotions, le comportement et les connaissances.

- **Balayage corporel :** Une pratique attentive qui favorise le soulagement du stress en se concentrant sur la relaxation de certaines parties du corps.

- **Tronc cérébral :** La zone du cerveau qui fournit des messages au reste du corps puisqu'elle relie le cerveau à la moelle épinière.

- **Cervelet :** Partie du cerveau qui participe à la fonction musculaire et qui est située à l'arrière du cerveau, près de la moelle épinière.

- **Cerveau :** La plus grande partie du cerveau qui contribue aux fonctions de comportement, de langage et de connexion de la signification des informations sensorielles.

- **Rythme circadien :** Le rythme naturel du corps qui répond à la faim, à la température, aux cycles de sommeil et à la libération d'hormones. Ce rythme note les changements de l'environnement tout au long d'un cycle de 24 heures.

- **Mémoire épisodique :** La capacité à se souvenir d'événements particuliers du passé et à se rappeler les détails de l'expérience.

- **Cortex/Lobe frontal :** La partie du cerveau qui aide à planifier et à prendre des décisions basées sur la capacité à juger les situations. Cette partie contrôle également l'attention et l'impulsivité d'un individu.

- **Matière grise :** Le tissu neuronal du cerveau qui contient les fibres de traitement du langage, des fonctions cognitives, des mouvements et des sensations corporelles.

- **L'hippocampe :** Située dans le lobe temporal, cette zone du cerveau aide à stocker les souvenirs. L'hippocampe est l'une des zones les plus vulnérables à la perte de mémoire s'il est endommagé à la suite de troubles neurologiques ou de traumatismes physiques.

- **Pleine conscience :** Un état de conscience qui peut être acquis par la pratique d'activités calmantes qui se concentrent sur l'observation des pensées et des sentiments d'un point de vue plus objectif.

- **Entraînement cognitif basé sur la pleine conscience (MBCT) :** Un type de thérapie qui se concentre sur les pratiques de pleine conscience afin d'améliorer la prise de conscience. Cette forme de thérapie est principalement utilisée pour traiter les symptômes de la dépression.

- **Neuroplasticité : La** capacité du cerveau à modifier et à recâbler ses synapses en fonction de son expérience d'apprentissage ou d'adaptation à des situations.

- **Neurotransmetteurs :** Les substances chimiques libérées dans le cerveau qui fournissent des informations aux muscles et au système nerveux du corps.

- **Nociception : La** capacité du système nerveux à traiter les lésions des tissus corporels ou à percevoir des températures extrêmes.

- **Lobe occipital :** La partie arrière du cerveau qui permet la reconnaissance faciale et le discernement visuel.

- **Thérapie de retraitement de la douleur :** Un type de traitement thérapeutique qui aide à soulager la douleur chronique en reconnectant le cerveau pour qu'il réagisse différemment à la douleur corporelle.

- **Lobe pariétal :** La partie centrale supérieure du cerveau qui traite les sens et les stimuli extérieurs.

- **Cortex préfrontal :** Constituée du lobe frontal, cette partie du cerveau traite les émotions et le comportement pour jouer un rôle dans les fonctions cognitives.

- **Relaxation musculaire progressive (PMR) :** Une méthode thérapeutique qui aide à soulager le stress, les maux de tête, les problèmes digestifs et d'autres problèmes chroniques par la pratique de la tension et du relâchement des muscles dans tout le corps.

- **Synapse :** Le petit espace à l'extrémité des neurones qui transmet les messages du cerveau au système nerveux.

- **Lobe temporal :** La partie centrale inférieure du cerveau qui contribue au langage, à la mémoire et au traitement des émotions.

Références

Note sur les références : Ce livre a été écrit pour le public. C'est pourquoi j'ai décidé de ne pas limiter les références aux seuls documents universitaires. Ainsi, les références et les ressources supplémentaires énumérées ici comprennent des sites web que vous trouverez peut-être intéressants ou utiles au cours de votre voyage.

Association américaine de psychologie. (2018, 1er novembre). Les *effets du stress sur le corps*. American Psychological Association. https://www.apa.org/topics/stress/body

Ashar, Y. K., Gordon, A., Schubiner, H., Uipi, C., Knight, K., Anderson, Z., Carlisle, J., Polisky, L., Geuter, S., Flood, T. F., Kragel, P. A., Dimidjian, S., Lumley, M. A. et Wager, T. D. (2021). Effet de la thérapie de retraitement de la douleur par rapport au placebo et aux soins habituels pour les patients souffrant de douleurs dorsales chroniques. *JAMA Psychiatry*, *79*(1). https://doi.org/10.1001/jamapsychiatry.2021.2669

Atlas, L. Y., Dildine, T. C., Palacios-Barrios, E. E., Yu, Q., Reynolds, R. C., Banker, L. A., Grant, S. S. et Pine, D. S. (2022). Les instructions et l'apprentissage expérientiel ont des impacts similaires sur la douleur et les réponses cérébrales liées à la douleur, mais produisent des dissociations dans l'apprentissage inversé basé sur la valeur. *ELife*, *11*, e73353. https://pubmed.ncbi.nlm.nih.gov/36317867/

Bahl, S., Milne, G. R., Ross, S. M., Mick, D. G., Grier, S. A., Chugani, S. K., Chan, S. S., Gould, S., Cho, Y.-N., Dorsey, J. D., Schindler, R. M., Murdock, M. R. et Boesen-Mariani, S. (2016). Mindfulness : Its transformative potential for consumer, societal, and environmental well-being. *Journal of Public Policy & Marketing*, *35*(2), 198-210. https://www.jstor.org/stable/44164852?read-now=1&seq=2#page_scan_tab_contents.

Bargh, J. A. et Morsella, E. (2008). The unconscious mind. *Perspectives onPsychologicalScience*, *3*(1), 73-79. https://www.ncbi.nlm.nih.gov/pmc/articles/PMC2440575/

Barnhofer, T. (2019). Entraînement à la pleine conscience dans le traitement de la dépression persistante : Peut-elle aider à inverser la plasticité inadaptée ? *Current Opinion in Psychology, 28*, 262-267. https://doi.org/10.1016/j.copsyc.2019.02.007

Baron Short, E., Kose, S., Mu, Q., Borckardt, J., Newberg, A., George, M. S. et Kozel, F. A. (2010). Regional brain activation during meditation shows time and practice effects : An exploratory FMRI study. *Evidence-Based Complementary and Alternative Medicine*, *7*(1), 121-127. https://doi.org/10.1093/ecam/nem163

Batson, J. (2021). *Workplace stress - The American Institute of Stress.* TheAmerican Institute of Stress. https://www.stress.org/workplace-stress

Bernstein, A., Vago, D. R., & Barnhofer, T. (2019). Comprendre la pleine conscience, un moment à la fois : Une introduction au numéro spécial. *Current Opinion in Psychology, 28*, vi-x. https://doi.org/10.1016/j.copsyc.2019.08.001

Centre Brahm. (2020, 31 août). *Neuroplasticité - comment la pleine conscience remodèle le cerveau | Dr Sara Lazar.* Youtube.com. https://www.youtube.com/watch?v=wP9X6QIaflU

Ligne d'assistance téléphonique nationale Boys Town. (n.d.). *10 ways to stay grounded.* Your LifeYour Voice. Consulté le17janvier , 2024, from https://www.yourlifeyourvoice.org/pages/10-ways-to-stay- grounded.aspx

Centre Brahm. (2020, 31 août). *Neuroplasticité - comment la pleine conscience remodèle le cerveau | Dr Sara Lazar.* Youtube.com. https://www.youtube.com/watch?v=wP9X6QIaflU

Brettingen, P. J. (2022, 30 août). *Comment vieillir gracieusement en changeant d'état d'esprit.* DailyOM. https://www.dailyom.com/journal/how-to- age-gracefully-by-changing-your-mindset/

Broadway, K. (2023, 25 mai). *Les bénéfices de la pleine conscience pour les étudiants-athlètes.* |NCSA. Ncsasports.org. https://www.ncsasports.org/blog/benefits-of-mindfulness-for- athlètes

Brown, K. W., Goodman, R. J., Ryan, R. M. et Anālayo, B. (2016). La pleine conscience améliore la performance de la mémoire épisodique : Evidence from a multimethod investigation. *PLOS ONE, 11*(4), e0153309. https://doi.org/10.1371/journal.pone.0153309

Campbell, L. (2016, 17 mai). *Les limites personnelles : Types et comment les fixer.* Psych Central. https://psychcentral.com/relationships/what- sont-des-limites-personnelles-comment-en-obtenir-quelques-unes

Celestine, N. (2020, 15 août). *Qu'est-ce que la respiration consciente ? Exercices, scripts et vidéos.* PositivePsychology.com. https://positivepsychology.com/mindful-breathing/

Corporate Wellness Magazine. (n.d.). *Workplace stress : Un tueur silencieux de la santé et de la productivité des employés.* Corporatewellnessmagazine.com. https://www.corporatewellnessmagazine.com/article/workpla ce-stress-silent-killer-employee-health-productivity

Cunningham, C., Kashino, M. M., et Phillips, H. G. (2018, 18 janvier). *10 façons simples de rendre votre maison plus paisible.* Washingtonian. https://www.washingtonian.com/2018/01/18/10-easy-ways- to-make-your-home-more-peaceful/

Damasio, A. R. (1999). Comment le cerveau crée l'esprit. *Scientific American,*281(6),11 2–117. https://www.jstor.org/stable/26058529

Dobbs, (2018, mars). *Neuroplasticité.* Science pour Sport. https://www.scienceforsport.com/neuroplasticity

Dunne, J. D., Thompson, E. et Schooler, J. (2019). La métaconscience consciente : Sustained and non-propositional. *Current Opinion in Psychology, 28,* 307-311. https://doi.org/10.1016/j.copsyc.2019.07.003

Eby, S. (2023, 5 juin). Les *conseils d'hydratation pour les athlètes | Mass general Brigham.* Massgeneralbrigham.org. https://www.massgeneralbrigham.org/en/about/newsroom/a rticles/tips-for-staying-hydrated

Garey, J. (2023, 6 novembre). *Pratiquez les techniques de la pleine conscience.* Child Mind Institute. https://childmind.org/article/mindful-parenting-2/

Gehl, M. et Bohlander, A. H. (2018). Être présent : Mindfulness in infant and toddler settings. *YC Young Children, 73*(1), 90-92. https://www.jstor.org/stable/90019488

Giles, J. (2019). Pertinence de la théorie du non-soi dans la pleine conscience contemporaine. *Current Opinion in Psychology, 28,* 298-301. https://doi.org/10.1016/j.copsyc.2019.03.016

Grant, J. A. et Zeidan, F. (2019). Employer la douleur et la pleine conscience pour comprendre la conscience : Une relation symbiotique. *Current OpinioninPsychology, 28,* 192-197. https://doi.org/10.1016/j.copsyc.2018.12.025

Hamm, K (2023, 23 mars). Comment l'utilisation du smartphone par les parents affecte leurs enfants .https://www.universityofcalifornia.edu/news/how- parents-smartphone-use-affects-their-kids

Hartfiel, N., Havenhand, J., Khalsa, S. B., Clarke, G. et Krayer, A. (2011). The effectiveness of yoga for the improvement of well being and resilience to stress in the workplace (L'efficacité du yoga pour améliorer le bien-être et la résistance au stress sur le lieu de travail). *Scandinavian Journal of Work, Environment & Health, 37*(1), 70-76. https://www.jstor.org/stable/40967889

École de santé publique de Harvard. (2020, 14 septembre). *Mindful eating*. The Nutrition Source. https://www.hsph.harvard.edu/nutritionsource/mindful-eating/

École de santé publique Harvard T.H. Chan. (2019, 21 août). *Préparer une boîte à lunch saine*. The Nutrition Source. https://www.hsph.harvard.edu/nutritionsource/kids-healthy-lunchbox-guide

Henriksen, K. (2022). La magie de la pleine conscience dans le sport. *Frontiers for Young Minds*, 10. https://doi.org/10.3389/frym.2022.683827

Herz, R. (2016). Le rôle de la mémoire évoquée par les odeurs dans la santé psychologique et physiologique. *Brain Sciences*, *6*(3), 22. https://doi.org/10.3390/brainsci6030022

Hölzel, B. K., Carmody, J., Vangel, M., Congleton, C., Yerramsetti, S. M., Gard, T. et Lazar, S. W. (2011). La pratique de la pleine conscience entraîne une augmentation de la densité de la matière grise régionale du cerveau. *Psychiatry Research : Neuroimaging*, *191*(1), 36-43. https://doi.org/10.1016/j.pscychresns.2010.08.006

Hölzel, B. K., Lazar, S. W., Gard, T., Schuman-Olivier, Z., Vago, D. R. et Ott, U. (2011). Comment fonctionne la méditation de pleine conscience ? Proposition de mécanismes d'action d'un point de vue conceptuel et neuronal. *Perspectives on Psychological Science*, *6*(6), 537-559. https://www.jstor.org/stable/41613530

Hougaard, R. et Carter, J. (2016, 4 mars). *Comment pratiquer la pleine conscience tout au long de votre travail journée*. Harvard Business Review. https://hbr.org/2016/03/how-to-practice-mindfulness- tout au long de votre journée de travail.

Ivey, P., McGuire, R. et Lattner, A. (2015, 29 juillet). L'*esprit au-dessus de la matière*. Training Conditioning. https://training-\conditioning.com/article/mind-over-matter-d36/

Jiménez-Picón, N., Romero-Martín, M., Ponce-Blandón, J. A., Ramirez-Baena, L., Palomo-Lara, J. C. et Gómez-Salgado, J. (2021). La relation entre la pleine conscience et l'intelligence émotionnelle en tant que facteur de protection pour les professionnels de la santé : Systematic review. *International Journal of Environmental Research and PublicHealth*, *18*(10), 5491. https://doi.org/10.3390/ijerph18105491

Médecine Johns Hopkins. (2022). *Anatomie du cerveau et son fonctionnement*. Hopkinsmedicine.org. https://www.hopkinsmedicine.org/health/conditions-and- diseases/anatomy-of-the-brain

Kabat-Zinn, J. (1994). *Où que vous alliez, vous êtes là : Mindfulness meditation in everyday life*. Hyperion.

Kabat-Zinn, J. (2013). *Full catastrophe living : Utiliser la sagesse de votre corps et de votre esprit pour faire face au stress, à la douleur et à la maladie*. Bantam Books.

Katella, K. (2022, 31 mai). *How to be more resilient : 8 strategies for difficult times*. YaleMedicine. https://www.yalemedicine.org/news/resilience-strategies- pandemic

Kraemer, K. M., Jain, F. A., Mehta, D. H. et Fricchione, G. L. (2022). Meditative and mindfulness-focused interventions in neurology : Principles, science, and patient selection. *Seminars in Neurology*, *42*(02), 123-135. https://doi.org/10.1055/s-0042-1742287

Kylie, U. (2018, 22 février). *Le cerveau inconscient - trouver la clarté pendant l'inconscience*. Michiganmedicine.org. https://www.michiganmedicine.org/health-lab/what-happens- brain-during-unconsciousness.

Maldonado, K. A. et Alsayouri, K. (2023). *Physiologie, cerveau*. PubMed ; StatPearlsPublishing https://www.ncbi.nlm.nih.gov/books/NBK551718/

Marie, S. (2022, 25 mars). *Tout sur la parentalité attentive*. Psych Central. https://psychcentral.com/health/mindful-parenting#definition

Clinique Mayo. (2021, 4 février). *Traumatic brain injury - symptoms and causes.* Mayo Clinic. https://www.mayoclinic.org/diseases-conditions/traumatic-brain-injury/symptoms-causes/syc- 20378557

Clinique Mayo. (2021, 24 mars). *Gestion du stress.* Mayo Clinic ; Mayo Clinic. https://www.mayoclinic.org/healthy-lifestyle/stress-management/in-depth/stress-symptoms/art-20050987

Newberg, A. B. (2011). Spiritualité et vieillissement du cerveau. *Generations : Journal of the American Society on Aging, 35*(2), 83-91. https://www.jstor.org/stable/26555779

Pacheco, D. et Callender, E. (2021, 15 janvier). *Bedtime routines for children.* SleepFoundation. https://www.sleepfoundation.org/children-and-sleep/bedtime- routine

Puderbaugh, M. et Emmady, P. D. (2023). *Neuroplasticity.* PubMed ; StatPearlsPublishing https://www.ncbi.nlm.nih.gov/books/NBK557811/

R. Morgan Griffin. (2010, 11 mai). *10 problèmes de santé liés au stress que vous pouvez régler.* WebMD ; WebMD. https://www.webmd.com/balance/stress-management/features/10-fixable-stress-related-health-problems

Raio, C. M., Orederu, T. A., Palazzolo, L., Shurick, A. A., & Phelps, E. A. (2013). La régulation cognitive des émotions échoue au test du stress. *Proceedings of the National Academy of Sciences, 110*(37), 15139- 15144. https://doi.org/10.1073/pnas.1305706110

Regan, S. (2023, 26 juillet). *21 techniques d'ancrage à essayer la prochaine fois que vous vous sentirez stressé.* Mindbodygreen.https://www.mindbodygreen.com/articles/how-to-ground- yourself

Reid, M. C., Eccleston, C. et Pillemer, K. (2015). Gestion de la douleur chronique chez les personnes âgées. *BMJ : British Medical Journal*, 350. https://www.jstor.org/stable/26518254

Rupprecht, S., Koole, W., Chaskalson, M., Tamdjidi, C. et West, M. (2019). Courir trop loin devant ? Vers une compréhension plus large de la pleine conscience dans les organisations. *Current Opinion in Psychology*, *28*, 32–36. https://doi.org/10.1016/j.copsyc.2018.10.007

Segal, Z. V., Williams, J. M. G. et Teasdale, J. D. (2002). Mindfulness-based cognitive therapy for depression : A new approach to preventing relapse. Guilford Press.

Segal, J., Smith, M., Robinson, L. et Shubin, J. (2023, 28 février). *Améliorer intelligence émotionnelle (EQ)*. HelpGuide. https://www.helpguide.org/articles/mental-health/emotional- intelligence-eq.htm

Semeco, A. (2017). *20 façons simples de s'endormir le plus rapidement possible*. Healthline. https://www.healthline.com/nutrition/ways-to-fall-asleep

Sevinc G, Hölzel BK, Hashmi J, Greenberg J, McCallister A, Treadway M, Schneider ML, Dusek JA, Carmody J, Lazar SW (2018). Activité neuronale commune et dissociable après les programmes de réduction du stress basés sur la pleine conscience et de réponse à la relaxation. Psychosom Med, 80(5):439-451. doi : 10.1097/PSY.0000000000000590.

Sivadas, A. et Broadie, K. (2020). Comment mon cerveau communique-t-il avec mon corps ? *Frontiers for Young Minds*, *8*(540970). https://doi.org/10.3389/frym.2020.540970

Straw, E. (2023, 29 mai). *Techniques de visualisation pour les athlètes - Le succès commence à l'intérieur*. Successstartswithin.com. https://www.successstartswithin.com/blog/visualization- techniques-pour-les-athlètes

Tang, Y.-Y. Lu, Q., Fan, M., Yang, Y. et Posner, M. I. (2012).

Mécanismes des changements de la matière blanche induits par la méditation. *Proceedings of the National Academy of Sciences*, *109*(26), 10570-10574. https://doi.org/10.1073/pnas.1207817109

Toussaint, L., Nguyen, Q. A., Roettger, C., Dixon, K., Offenbächer, M., Kohls, N., Hirsch, J. et Sirois, F. (2021). Efficacité de la relaxation musculaire progressive, de la respiration profonde et de l'imagerie guidée dans la promotion des états psychologiques et physiologiques des personnes âgées. relaxation. *Evidence-Based Complementary and Alternative Medicine*, *2021*(1), 1-8. https://doi.org/10.1155/2021/5924040

Valluri, J., Gorton, K. et Schmer, C. (2024). Global meditation practices : A literature review. *Holistic Nursing Practice*, *38*(1), 32-40. https://doi.org/10.1097/HNP.0000000000000626

Volpe, A. (2020, 29 décembre). *Science says you need to plan some things to lookforwardto.* Vice.com. https://www.vice.com/en/article/7k9wvb/science-says-you- need-future-plans-to-look-forward-to-during-pandemic

Walker, M. P. (2006). Dormir pour se souvenir : Le cerveau a besoin de sommeil avant et après l'apprentissage de nouvelles choses, quel que soit le type de mémoire. Les siestes peuvent aider, mais la caféine n'est pas un substitut efficace. *American Scientist*, *94*(4), 326-333. https://www.jstor.org/stable/27858801

Walker, M. P. (2018). *Pourquoi nous dormons*. Penguin Books.

Wein, H. (2021, 29 mars). Un *bon sommeil pour une bonne santé*. NIH News in Health. https://newsinhealth.nih.gov/2021/04/good-sleep- good-health

Wong SH, Pontillo G, Kanber B, Prados F, Wingrove J, Yiannakas M, Davagnanam I, Gandini Wheeler-Kingshott CAM, Toosy AT (2024). Visual Snow Syndrome Improves With Modulation of Resting-State Functional MRI Connectivity After Mindfulness-Based Cognitive Therapy : An Open-Label Feasibility Study. J Neuroophthalmol,44(1):112 -118.doi:

10.1097/WNO.0000000000002013

Zelazo, P. D. et Lyons, K. E. (2011). Mindfulness training in childhood. *Human Development*, *54*(2), 61-65. https://www.jstor.org/stable/26764991

Images Référence

J'ai créé les illustrations à la fin de chaque chapitre en utilisant Midjourney www.midjourney.com. Je suis reconnaissante d'avoir eu cet outil qui m'a aidée à traduire mes pensées en images.

www.ingramcontent.com/pod-product-compliance
Lightning Source LLC
Chambersburg PA
CBHW072017070526
44583CB00015B/1514